출판인을 위한 AI 활용법

기획,
편집,
제목,
디자인,
마케팅, 경영관리까지

출판인을 위한 AI 활용법

박찬규 지음

목차

서문   8

서장 ✧ 출판 업무에 AI 도입, 어디서부터 시작해야 할까?

1. 출판 산업에서의 AI 활용 현황과 전망   13
  원고 작성과 편집 보조   14
  번역과 다국어 지원   14
  출판 기획과 독자 분석   15
  마케팅 및 독자 타기팅   15

2. 일하는 방법을 바꾸자   17
  항상 최신 정보를 습득하는 습관과 프로세스를 만들자   17
  다양한 인공지능 도구를 활용해보자   18
  기존 담당하던 업무와 역할을 벗어나보자   19
  모든 데이터를 가치 있게 바꿔보자   20

3. AI 도구를 활용할 때 고민해야 할 점   22

1장 ✧ 자료를 습득하고 활용하는 새로운 방법

1. 기획의 시작: 효율적으로 정보를 수집하기   27
  이제는 최신 정보를 외국에서 찾아보자: DeepL   27
  편리하게 최신 정보를 확인하자: web.meco.app   32

2. 자료 조사와 정리의 혁신적 접근   34
  자료를 깊고 자세하게 찾아보자   34
  자료를 통합해서 관리하기: NotebookLM   39

2장 ◇ AI를 활용한 원고 교정과 편집 작업 효율화

1. 원고 이해·수정·분석을 위한 AI 활용법 45
내용 이해하기: 도표와 그래프의 의미를 물어보기 45
바꿔보기 첫번째: 텍스트 자료를 표와 그래프로 바꿔보기 47
바꿔보기 두번째: 업로드한 문서를 다양한 형태의 글로 바꿔보기 50
분석하기: 데이터를 분석해서 그래프 그려보기 53

2. 문장 교정 챗봇 만들기 58
GPTs(챗봇) 제작에 대한 기본 지식 설명 58
문장 교정 챗봇을 직접 만들어보기 63

3장 ◇ 도서 제목 생성 템플릿 및 AI를 활용한 표지 시안 제작

1. 도서 제목 생성 템플릿 만들기 71
템플릿 실행하기 71
제목생성 함수 설명 75
NotebookLM에서 도서 특징 생성하기 78

2. 생성형 AI로 표지 시안 제작하기 82
아이콘을 활용한 표지 디자인하기 83
이미지를 벡터 파일로 만들기 87

4장 ◇ 마케팅 프로세스 혁신

1. 비정형 데이터 분석으로 마케팅 자료 작성하기 93
Data Analyst GPTs 시작하기 94
서평 데이터 분석하기 96
분석한 데이터로 마케팅 진행하기 99

2. 카드뉴스 제작 자동화 102
NotebookLM으로 도서 특징 추출하기 102
도서 특징을 카드뉴스 포맷으로 변경하기 106
카드뉴스에 필요한 이미지를 얻는 방법 109

5장 ✧ 누구나 할 수 있는 출판 데이터 분석

1. 판매 데이터 분석하기	115
2. 재무 분석 챗봇 만들기	120
챗봇을 위한 프롬프트 만들기	121
챗봇 만들기	127
챗봇 실행하기	129
다른 도구로 재무 분석하기	134

부록 A ✧ Claude for Sheets 설치

1. Anthropic 계정 등록하기	139
2. Claude API 등록하기	141
3. Claude for Sheets 설치하기	143
4. Claude for Sheets 간단한 사용법	145

부록 B ✧ 인세 메일 자동 발송 시트 만들기

1. 인세 메일 자동 발송 시트 소개	149
2. 인세 메일 자동 발송 시트 사용 방법 소개	154
3. 인세 메일 자동 발송 프로그램 만들기	158

서문

　2023년 2월 초순부터 2년 동안 생성형 AI와 함께 정신없이 달려왔습니다. 처음에는 신기함을, 그다음에는 두근거림을, 그리고 요즘은 두려움을 느낍니다. 빠르면 2025년 말, 늦어도 내년까지는 대부분의 업무에서 사람을 능가하는 인공지능이 나온다는 뉴스가 나옵니다. 앞으로 어떤 주제로 책을 내야 할지, 어떤 과정으로 책을 내야 할지 도무지 생각을 정리하기 어렵습니다.

　미래에 대한 두려움이 크지만, 발전하는 AI 도구를 이용해 업무를 효율화하는 과정 하나하나가 개인적으로 너무 즐겁기도 합니다. 아침에 일어나자마자 뉴스레터를 통해 최신 AI 소식을 접하고, 저녁에 잠자기 전에 X(트위터)에서 AI 활용 사례를 검색하고, 주말은 한 주간의 기술을 정리하고 테스트하면서 보내고 있습니다.

　정보와 경험이 쌓이면서 책을 내기도 했고, 다양한 곳에서 강의도 했고, 친구 회사를 찾아가서 업무에 AI를 적용해보기도 했습니다. 대부분의 사람은 설명하는 내용에 깜짝 놀랐습니다. 이것저것 관심을 보이기도 했습니다. 그런데 한 달 뒤에 다시 찾아가보면 알려준 대로

AI를 활용하는 사람을 거의 찾아보기 힘들었습니다.

여러 이유가 있었습니다. 강의를 듣고 AI를 업무에 적용해봤지만 원하는 결과가 제대로 나오지 않는 경우가 많았고, 제가 알려준 것과 조금 다른 상황에 적용하기 어려워했습니다. 또한 AI가 내놓은 결과를 그대로 사용해도 되는지 걱정하기도 했습니다. 조금만 더 공부해보면 괜찮을 텐데…… 하는 생각도 들었지만 이해가 가는 이유들이라 그 이상 AI 활용을 적극적으로 권유하지는 않았습니다.

하지만 2025년 초에 ChatGPT o1 Pro, 심층조사, Grok 등의 최신 기술을 사용해보면서 생각을 바꿨습니다. 새로 나온 AI 도구들이 정말로 사람을 대체할 수준으로 성능이 개선되고 있습니다. AI를 제대로 활용하는 사람의 생산성이 확연히 높아질 것이라고 확신합니다.

그럼 어떻게 시작해야 할까요? AI가 모든 것을 다 해줄 것처럼 보이지만 고려해야 할 사항도 많고, AI 도구마다 다른 특성을 이해하고 적절한 도구를 선택하는 것도 무척 어렵습니다. 시간 투자 없이는 원하는 결과를 얻기 어렵다는 점을 깨닫는 것이 AI 활용의 출발점입니다.

우선은 교정, 글쓰기, 자료조사, 데이터 분석 등 다양한 주제 중에서 하나를 정하고 시간을 투자해 꼼꼼하게 테스트해보기 바랍니다. Open AI의 ChatGPT만 사용하는 것이 아니라 구글의 Gemini, X의 Grok, Anthropic의 Claude 등 다양한 도구를 활용해서 결과를 비교해보는 과정도 필요합니다. 이러한 경험과 과정이 어느 정도 쌓이면 상황에 맞는 적절한 도구를 활용할 수 있습니다. 이 책에서도 가능한 한 다양한 도구를 활용하는 방법을 다루었습니다. 책을 따라 해보면서 다양한 도구 활용법을 익혀보기 바랍니다.

다음으로 자신이 맡은 업무 외에 다른 분야의 업무도 경험해보기 바랍니다. 기획자라면 디자인을 해보고, 디자이너라면 기획을 해보고 데이터를 분석해보기 바랍니다. 다른 업무를 경험하면서 자신의 업무를 더욱 깊이 있게 수행하는 방법을 배울 수 있을 겁니다.

앞으로 1, 2년 뒤에 어떻게 변할지 예측하는 것은 의미가 없습니다. 현 시점에서 필요한 도구를 이용해서 시간을 줄이고 경험을 개선하는 것이 최선의 선택일 것입니다. 그 과정이 재미있다면 금상첨화겠지만, 지금은 재미가 없더라도 필요한 기술을 습득해야 합니다. 이제는 망설임을 접고 실제로 실행에 옮겨야 할 시기입니다.

"Just do it!"입니다.

위키북스 박찬규

서장 | 출판 업무에 AI 도입, 어디서부터 시작해야 할까?

ChatGPT 같은 AI 기술의 발전은 출판 산업의 변화를 가속화하고 있습니다. 이에 따라 원고 작성, 편집, 번역, 출판 기획, 마케팅 등 다양한 분야에서 AI 활용이 증가하고 있습니다. AI는 반복 업무를 자동화하고, 데이터 분석을 활용하여 출판 기획과 마케팅을 더 효율적으로 진행할 수 있도록 돕습니다. 물론 정확성이나 윤리적 문제 등 아직은 해결해야 할 과제도 있지만, 뛰어난 조력자로서 AI 활용을 더는 늦출 수 없습니다. 인간의 전문성과 창의성을 AI와 결합하여 업무 효율성을 높이고, 독자에게 더욱 풍부하고 다양한 콘텐츠를 제공하도록 노력해야 합니다.

1 | 출판 산업에서의 AI 활용 현황과 전망

2022년 ChatGPT의 출현은 AI 기술의 새로운 장을 열었습니다. 이제 AI는 우리 삶 곳곳에 스며들어 변화를 이끌어내고 있으며, 그 영향력은 날로 확대되고 있습니다.

OpenAI의 샘 올트먼 같은 AI 업계 리더들은 2025년과 2026년을 기점으로 AI가 한 단계 도약할 것으로 내다보고 있습니다. 생물학과 공학 분야에서 노벨상 수준의 연구를 수행하고, 난해한 수학 문제를 풀어내며, 수준 높은 문학 작품까지 창작하는 AI가 등장할 거라는 전망입니다.

AI가 가져올 미래에 대한 시각은 양극단을 오가고 있습니다. 일자리가 사라질 것이라고 우려하는 목소리가 많지만, 한국의 GDP가 최대 12.6% 상승할 것이라는 희망적인 전망도 있습니다.[1]

AI가 몰고 올 변화의 방향과 속도를 정확히 예측하기 어렵지만, 한 가지는 분명합니다. 우리가 생각하고 일하는 방식이 완전히 달라질 것이라는 점입니다. 이제는 AI와 공존하는 시대를 맞이할 준비를 해야 합니다.

그러나 막상 실무로 들어가면, 여전히 '어디서부터 AI를 도입해야 할지' 고민하는 출판사가 많습니다. 일부 선도 출판사는 전문 AI 툴을 적극 활용하며 업무 방식을 바꾸고 있지만, 대부분은 아직 소규모 실험

---

1 한국은행 「BOK 이슈노트」(제2025-2호) AI와 한국경제

단계에 머무르는 실정입니다. 다음에 정리한 AI 활용 사례를 살펴보고 향후 어떤 분야에 AI를 적용하면 좋을지 고민해보기 바랍니다.

원고 작성과 편집 보조

AI 성능이 점점 발전하면서 초고를 손쉽게 작성해주거나, 부자연스러운 표현과 문법 오류를 빠르게 잡아주는 시대가 되었습니다. 작가들은 창작 아이디어가 막힐 때 AI에게서 유용한 힌트를 얻기도 하고, 초벌 원고를 써놓으면 AI 교정 도구로 문장을 깔끔하게 다듬을 수 있습니다. 오랫동안 교정 업무를 맡아온 분들에게는 새로운 파트너가 생긴 셈입니다.

AI가 만들어낸 글은 특유의 불완전한 점이 눈에 띕니다. 맥락이나 추론이 필요한 부분에서 실수를 저지르기도 하고, 같은 단어를 과도하게 반복해 어색한 결과물을 내놓기도 합니다. 그래서 아직은 인간 편집자의 꼼꼼한 검수 과정이 필수적입니다. AI는 초기 아이디어를 얻거나 단순·반복적인 오류 수정 등의 부분을 담당하고, 사람은 글의 톤이나 논리, 콘텐츠 품질을 최종적으로 책임지는 형태로 협업할 수 있습니다.

번역과 다국어 지원

출판사 입장에서 외국 시장으로 콘텐츠를 빠르게 옮기고 싶어도 언어 장벽이 늘 걸림돌이었습니다. 그런데 AI 번역이 발전해 원고를 여러 언어로 즉시 변환해주는 길이 열렸습니다. 실제로 간단한 기술서적이나 정보 전달 위주의 텍스트는 AI 번역만으로도 꽤 읽을 만한 결과가 나옵니다. 다국어 버전의 오디오북을 만들 때도, AI 음성에 AI 번역을 적용하면 제작 속도가 빨라집니다.

그렇다고 AI 번역이 완벽하다고 하기는 어렵습니다. 미묘한 뉘앙스나 문화적 차이를 다루는 문학 작품, 창작물이 주는 독특한 분위기는 아직 사람이 세심하게 다듬어야 합니다. 그래도 점차 기술이 개선되고 있습니다. 앞으로는 간단한 문서나 정보성 텍스트는 AI를 이용하고 문학·인문서 등은 인간 번역가와 협업하는 양상이 보편화할 것입니다.

출판 기획과 독자 분석

출간 기획 단계에서도 AI가 도움을 주고 있습니다. 예전에는 독자 수요 예측을 '감'에 크게 의존했지만, 이제는 데이터 기반으로 좀더 객관적으로 예측할 수 있는 환경이 되었습니다. 서점 판매 추이, 온라인 리뷰, 소셜미디어 반응을 분석해 트렌드를 파악하고, 이를 토대로 어떤 방향의 책이 시장에 통할지, 제작부수를 어느 정도로 할지 등에 AI 기술을 활용할 수 있습니다.

물론 이러한 방법이 책의 성공 여부를 정확히 예측할 수는 없습니다. 독서라는 영역은 여전히 예측 불가능한 돌발 요소나 '입소문'의 힘이 큽니다. 당분간 AI로 대체하기 힘든 업무일 겁니다.

마케팅 및 독자 타기팅

책을 발간한 뒤에 진행하는 마케팅에도 AI가 활발하게 사용되고 있습니다. 온라인 서점이나 SNS 플랫폼에서 사용자 데이터를 분석해, 각 독자가 좋아할 만한 책을 자동 추천하거나, 적절한 시간대에 광고가 노출되도록 전략을 세워주기도 합니다. 특히 독자 서평 같은 비정형 데이터를 분석해 개정판에 추가해야 할 내용에 대한 아이디어를 얻을 수 있습니다.

도서 채팅방에서 수백 명의 사람이 나누는 대화를 분석해 출판사가 답변해야 할 질문을 찾거나 자주 올라오는 문의 사항을 분석하는 작업을 대학생 인턴이 수행할 정도로 누구나 쉽게 AI를 이용할 수 있습니다.

출판에서의 AI

장점	단점
효율적인 원고 작성	불완전한 맥락 이해
향상된 번역 속도	문화적 뉘앙스 문제
데이터 기반 시장 분석	추론 오류
타깃 마케팅	예측 불가능한 독서 트렌드
오류 수정	창의적인 작업에 제한적

2 | 일하는 방법을 바꾸자

많은 사람이 AI를 처음 접할 때 엄청난 기대를 품습니다. 그렇지만 실제로 AI를 사용하는 과정에서 기대와 현실의 차이를 마주하고는 쉽게 포기합니다. AI가 모든 업무를 완벽하게 대체할 것이라는 기대 대신, 처음에는 20% 정도의 생산성 향상을 목표로 설정하는 것이 바람직합니다. 작은 성공을 쌓아가면서 점진적으로 활용 범위를 넓혀나가는 것이 지속 가능한 방법입니다.

또 한 가지, 인공지능을 단순한 컴퓨터 프로그램이 아니라, 상호작용이 필요한 협업 파트너로 생각하는 것이 좋습니다. 정확하게 업무를 지시해야 하고, 항상 같은 결과가 나오지 않는다는 점을 받아들여야 합니다. 인공지능을 제대로 활용하기 위해서는 정확하게 지시하는 방법을 배워야 합니다. 또한 서로 다른 결과가 나와도 괜찮은 업무부터 인공지능을 적용하는 것이 좋습니다.

이 책에서 소개하는 예제를 토대로, 회사나 개인 차원에서 인공지능을 어떻게 배우고 적용해야 할지 간단히 정리해보겠습니다.

항상 최신 정보를 습득하는 습관과 프로세스를 만들자

생성형 AI의 발전으로 언어의 장벽이 허물어지면서, 전 세계 각국의 정보를 빠르고 쉽게 접하게 되었습니다. 이제는 영어뿐만 아니라 일본어, 중국어, 독일어로 된 자료도 간편하게 한국어로 정리할 수 있습니다. 단순히 정보 습득이 목적이라면 언어 학습에 오랜 시간을 투자할 필요가 없게 되었습니다.

최신 자료의 수집과 정리를 돕는 다양한 도구도 등장했습니다. web.meco.app 서비스를 통해 최신 소식을 요약한 뉴스레터를 체계적으로 관리하며, AI 기반 검색 도구인 Perplexity를 활용하면 원하는 정보를 정리된 형태로 쉽게 얻을 수 있습니다. 또한 구글이 무료로 제공하는 NotebookLM을 사용하면 영상, PDF, 텍스트 같은 다양한 자료를 통합 관리하고 여기서 의미 있는 정보를 얻을 수 있습니다.

이처럼 언어 학습이나 자료 정리에 들이는 노력이 크게 줄어들면서, 정기적으로 시간을 조금만 투자해도 특정 분야의 전문성을 쌓을 수 있게 되었습니다. 인공지능 기술의 발전 속도는 그 어떤 기술보다 빠르게 진행되고 있습니다. 어제 익힌 기술이 오늘 새로 나온 기술 때문에 쓸모없어질 수도 있지만, 이전에 습득한 기술은 새로운 기술을 더 빠르고 효과적으로 익히는 데 도움이 됩니다.

다양한 인공지능 도구를 활용해보자

현재 가장 주목받는 인공지능 도구로는 OpenAI의 ChatGPT, Anthropic의 Claude, 구글의 Gemini를 들 수 있습니다. 이들은 모두 질문과 응답이라는 기본 구조를 공유하지만, 각각의 결과물과 활용도에서 뚜렷한 차이를 보입니다.

ChatGPT는 다양한 질문에 답변하는 기본 기능 외에도, 웹 검색, 고급 데이터 분석, 이미지 생성 등의 폭넓은 기능을 제공하는 플랫폼입니다. 특히 2025년 2월 초에 발표한 Deep Research 같은 고성능 기능을 선도적으로 선보이며 시장을 이끌고 있습니다. Claude는 텍스트 생성에 특화되어, 인공지능 특유의 어색함 없이 자연스러운 결과물을 만들어내는 것이 특징입니다. 또한 윤리적 가이드라인에 따라 모델이 스스로 학습하고 판단하도록 설계된 점도 주목할 만합니다. 구글의 Gemini는 비교적 늦게 주목받기 시작했지만, 유튜브, 구글 문서, 지메일 같은 다양한 구글 생태계와 강력한 통합 기능을 제공하며 차별화된 경쟁력을 보여줍니다.

현업에서의 업무는 매우 복잡하고 다양한 단계를 포함합니다. 이러한 업무를 효과적으로 처리하기 위해서는 하나의 인공지능 도구에만 의존하기보다는, 각 도구의 특징을 이해하고 상황에 맞게 적절히 활용하는 것이 중요합니다. 예를 들어, 도서 소개 카드뉴스를 제작할 때 도서 PDF에서 특징을 추출하는 작업은 NotebookLM을, 텍스트 생성은 Claude를, 이미지 생성은 ChatGPT를 활용하는 등 각 도구의 장점을 최대한 활용하는 접근 방식이 효과적입니다.

기존 담당하던 업무와 역할을 벗어나보자

이제는 특정 분야에만 국한되지 않고 다양한 영역에서 일하는 시대가 되었습니다. 예를 들어, 도서 표지 제작 과정에서 기획자가 AI를 활용하여 50% 이상 완성된 표지 이미지를 직접 제작한 후, 디자이너와 협의를 진행할 수 있습니다. 최종 마무리는 여전히 디자이너의 전문성이 필요하지만, 이러한 방식으로 작업 시간을 크게 단축하고 기획자나 저자의 의도를 더욱 정확하게 반영할 수 있습니다.

마찬가지로 디자이너도 인공지능의 도움을 받아 직접 시장 조사를 진행하고 기획안을 제출할 수 있게 되었습니다. 디자인 관련 서적을 기획한다면, 이제 기획자보다 디자이너가 더 뛰어난 기획을 수행할 수 있는 가능성이 열렸습니다.

이처럼 업무 영역의 경계가 흐려지고 수행할 수 있는 일의 범위가 넓어지지만, 동시에 자신만의 전문 영역에서 비롯된 인사이트는 더욱 중요해집니다. 인공지능의 도움을 받아 기획자는 더욱 깊이 있고 다양한 기획을 빠르게 진행할 수 있고, 디자이너 역시 예전보다 훨씬 다양한 시안으로 독자를 만족시킬 수 있습니다. AI가 자신의 역할을 빼앗는 것이 아니라 도움을 주는 도구라고 생각하고 적극 활용하는 태도가 중요합니다.

모든 데이터를 가치 있게 바꿔보자

AI를 활용하면 판매 데이터, 경영 데이터 같은 정형 데이터(표나 숫자로 정리된 데이터)뿐만 아니라 서평 데이터, 오픈 채팅방 데이터 같은 비정형 데이터(글, 이미지, 대화처럼 정리되지 않은 데이터)도 쉽게 분석하여 가치 있는 자료로 활용할 수 있습니다.

예를 들어, 위키북스에서 운영하는 ADSP 도서 오픈 채팅방의 경우, 시험 기간에는 하루 약 1천 라인의 다양한 질의 응답이 이루어집니다. 과거에는 이러한 대화에서 답변이 필요한 내용을 찾기가 어려웠지만, 현재는 인공지능을 활용하여 하루 동안의 질문과 답변을 체계적으로 정리하고 답변이 필요한 질문을 별도로 추출하는 등의 효율적인 관리가 가능해졌습니다.

수치 데이터를 분석하고 활용하는 능력이 크게 향상되었습니다. 과거에는 대형 출판사가 아니면 판매 분석 시스템 구축을 시도하기 어려웠지만, 이제는 판매 분석 시스템 없이도 다양한 유형의 판매 분석과 그래프 작성이 가능해졌습니다. 또한 재무 데이터를 분석하여 효과적인 의사결정에 활용하는 것도 용이해졌습니다.

하지만 이러한 인공지능의 진정한 효과를 얻기 위해서는 회사가 보유한 데이터의 종류를 파악하고, 이를 어떻게 활용할지 지속적으로 검토하고 테스트하는 노력이 반드시 필요합니다.

3 | AI 도구를 활용할 때 고민해야 할 점

앞에서 설명했듯이 출판 전반에 도움을 줄 수 있는 AI 도구가 많습니다. 이런 도구들이 생산성 향상을 불러올 수 있지만, 동시에 몇 가지 주의해야 할 점도 있습니다.

첫째는 정확도 문제입니다. AI를 통해 얻은 자료에는 아직도 오류가 많이 존재합니다. 둘째는 특정 자료에만 의존해서 결과물을 왜곡할 우려가 있습니다. 충분히 다양한 자료로 훈련되지 않았을 때 특정 언어나 문체를 왜곡할 가능성이 있습니다. 셋째는 완전히 창조적인 영역에서 AI가 '좋은 책'을 스스로 만들 수 있느냐의 문제입니다. 이에 대해선 "사람의 감성과 통찰이 없으면 책은 결국 메마른 글이 될 수밖에 없다"는 의견이 아직 우세합니다. 정리하면, AI는 '혁신적인 조력자'일 수 있지만 그 결과물을 맹신하기엔 위험 요소가 적지 않다는 것입니다. 그렇기 때문에 출판사들은 주로 AI가 반복 작업이나 단순 검수 영역을 맡고, 사람은 크리에이티브와 최종 의사결정에 집중하는 형태로 업무 분담을 시도하는 추세입니다.

또 한 가지, AI를 활용하면서 가장 복잡하게 얽히는 영역 중 하나가 '윤리'와 '저작권'입니다. AI가 생성한 텍스트나 이미지를 온전히 저작권으로 보호해야 하는지, 아니면 그것이 여러 작품을 무단으로 참조·학습한 결과물인지, 기술과 법의 간극에서 의견이 분분합니다. 이미 외국에서는 AI 모델 학습에 쓰인 원본 자료의 저작권을 둘러싸고 소송이 벌어진 사례도 있습니다.

특히 'AI가 썼다고 밝히지 않고 책을 출판하는 것'에 대해 독자들이 어떻게 바라볼지도 중요한 문제입니다. 책이라는 매체는 작가의 개성과 정성이라고 생각하는 독자가 많기 때문에, AI가 어느 정도 기여했는지 투명하게 공개하길 바라는 움직임도 늘고 있습니다. 아직 명확한 업계 표준이 확립되지는 않았지만, 조만간 'AI 활용 고지'가 어느 정도는 출판계의 관례가 될 것이라는 예측도 나옵니다.

1장 | 자료를 습득하고 활용하는 새로운 방법

인공지능 기술이 급속도로 발전함에 따라 정보를 얻고 활용하는 방식도 혁신적으로 바뀌고 있습니다. DeepL 같은 번역 도구를 사용하면 외국 자료를 쉽고 빠르게 확인할 수 있습니다. 또한 web.meco.app을 통해 뉴스레터를 체계적으로 관리하면 최신 정보를 놓치지 않고 받아볼 수 있습니다. 이러한 서비스는 단순히 업무 효율만 높이는 것이 아닙니다. 다양한 언어권의 지식과 아이디어를 폭넓게 수용해 더 창의적이고 풍부한 사고를 이끌어낸다는 점에서 큰 의의가 있습니다.

또한 구글이 제공하는 Gemini Deep Research와 NotebookLM 등의 도구를 활용하면 정보를 깊이 있게 조사하고 통합적으로 관리할 수 있습니다. AI를 이용해 자료를 쉽게 종합·요약하고, 새로운 관점을 발견하며, 이를 다시 체계적으로 정리할 수 있습니다. 정보의 효율적인 활용은 더욱 폭넓은 시야를 확보하고, 빠르게 변화하는 지식 생태계에서 살아남기 위한 기본 역량입니다. AI 공부를 시작한다면, AI를 활용해 정보를 다루는 방법부터 시작하기 바랍니다.

# 1 | 기획의 시작
: 효율적으로 정보를 수집하기

생성형 AI 도구를 익히고 업무에 적용하는 능력이 중요한 경쟁력이 되고 있으며, 이에 따라 관련 정보를 신속히 습득하는 것이 더욱 중요해졌습니다. 이번 장에서는 우수한 번역 품질과 편리한 기능으로 주목받는 DeepL을 활용해 외국의 다양한 정보를 수집하는 방법을 알아보겠습니다. 아울러 최신 정보를 신속하게 접할 수 있는 뉴스레터를 효율적으로 관리하는 web.meco.app 웹사이트 이용법도 살펴보겠습니다.

이제는 최신 정보를 외국에서 찾아보자: DeepL

DeepL은 독일의 인공지능 번역 회사 DeepL GmbH가 개발한 번역 서비스로, 국내에서는 2023년 8월부터 정식으로 서비스를 제공하고 있습니다. 생성형 AI를 이용해 번역을 해도 훌륭한 품질의 결과물을 얻을 수 있지만, DeepL은 웹페이지, PDF, 워드 문서 등 다양한 형태의 자료를 편리하게 번역할 수 있다는 강점이 있습니다.

DeepL은 다음과 같은 기능을 제공합니다.

- 텍스트 번역: 선택한 텍스트를 다양한 형태로 번역합니다.
- 문서 번역: Word(.docx) 및 PowerPoint(.pptx), PDF 문서를 번역합니다.

- 웹페이지 번역: 구글 크롬이나 파이어폭스에 DeepL 확장 프로그램을 설치하면, 방문 중인 웹페이지를 실시간으로 번역할 수 있습니다.

DeepL 무료 버전은 텍스트를 하루 5천 단어까지만 번역할 수 있습니다. 문서나 웹페이지 번역은 유료 버전에서만 이용할 수 있습니다. 특히 유료 버전은 번역한 텍스트가 서버에 저장되지 않으므로 사용자 입장에서도 더 안심하고 서비스를 이용할 수 있습니다.

DeepL 홈페이지(https://www.deepl.com/)의 **Pricing** 메뉴(❶)를 클릭하면 다양한 유료 버전 옵션이 표시됩니다. DeepL을 처음 사용한다면 **DeepL Translator** 탭(❷)에 있는 **Starter** 계정(❸)으로 필요한 기능을 충분히 활용할 수 있습니다(그림 1-1). 참고로 첫 한 달은 무료이니 충분히 활용해본 후 정식으로 결제해도 됩니다.

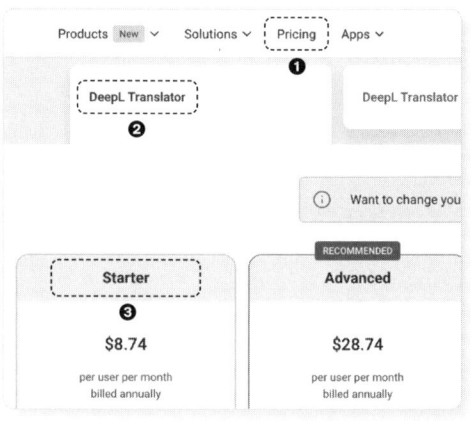

그림 1-1 DeepL의 다양한 유료 계정

유료 등록 후 웹페이지를 번역하려면 브라우저용 확장 프로그램을 설치해야 합니다. 현재 구글 크롬, 파이어폭스, MS Edge용 확장 프로그램을 지원합니다. 홈페이지 상단에서 **Apps** 탭(❶)을 클릭한 뒤 **Browser extension** 메뉴(❷)를 선택합니다(그림 1-2).

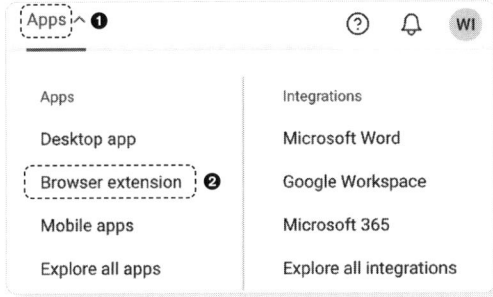
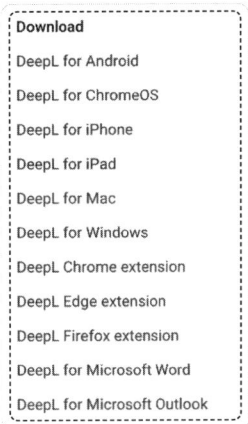

그림 1-2 DeepL에서 지원하는 확장 프로그램 목록(위)
그림 1-3 DeepL 확장 프로그램 다운로드 화면(오른쪽)

계정 등록 후 자신이 주로 사용하는 브라우저의 확장 프로그램(그림 1-3)을 설치하면 웹페이지를 자동으로 번역합니다. 참고로 MS Word 나 Google Workspace 확장 프로그램을 통해서 워드나 구글 문서에서도 DeepL을 편리하게 이용할 수 있습니다.

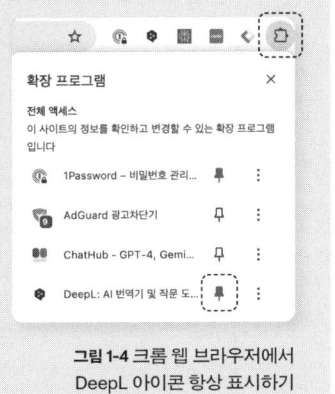

tip 책에서는 크롬 확장 프로그램을 기준으로 설명하겠습니다. 크롬 확장 프로그램을 설치한 후에 편리하게 사용하기 위해 한 가지 설정이 필요합니다. 크롬 웹 브라우저 오른쪽 상단 **퍼즐 모양** 아이콘을 클릭하면 설치된 확장 프로그램 목록이 나타납니다. 여기서 DeepL 옆의 **압정 모양** 아이콘을 클릭하면 크롬 웹 브라우저에 DeepL 아이콘이 항상 표시됩니다.

그림 1-4 크롬 웹 브라우저에서 DeepL 아이콘 항상 표시하기

설치가 완료되면 원하는 외국 사이트에 접속하여 한글로 번역된 내용을 편리하게 확인할 수 있습니다. 일부 전문 용어의 번역이 매끄럽지 않을 수 있으나, 내용을 이해하기에는 충분합니다. 이러한 번역 도구를 통해 이제는 외국 여러 나라의 소식을 실시간으로 편리하게 확인할 수 있습니다.

그림 1-5 독일 슈피겔SPIEGEL 웹사이트 화면

최신 외국 뉴스를 확인하는 용도와 함께 필요한 정보를 얻는 데도 DeepL 웹페이지 번역기를 이용합니다. 이전에는 주로 네이버 블로그나 티스토리에서 정보를 얻었지만, DeepL을 활용한 후부터는 일본의 노트(note.com)나 미국의 미디엄(medium.com) 같은 외국 블로그에서도 최신 IT 정보를 손쉽게 얻고 있습니다.

그림 1-6 일본 note.com

웹페이지 자동 번역 외에도 MS Word나 구글 문서에서 DeepL의 자동 번역 기능을 사용할 수 있습니다. 예를 들어 DeepL for Google Workspace를 설치하면 일본어로 된 구글 문서를 아이콘 클릭 한 번으로 원본 형식을 유지하며 번역할 수 있습니다.

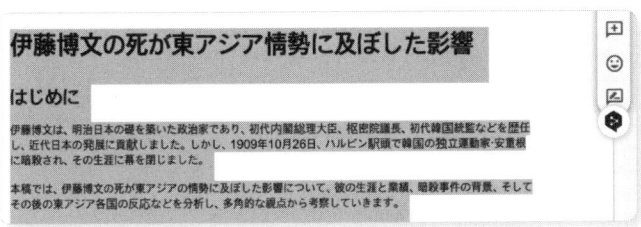

그림 1-7 일본어로 된 구글 문서 자료

그림 1-8 DeepL for Google Workspace로 번역한 결과물

이러한 편의성이 업무 생산성을 향상시키고 새로운 창의적 업무를 수행할 기회를 제공합니다. 한 통계에 따르면 전체 웹에서 한국어 정보는 약 4%에 불과하며, 영어와 중국어 정보는 각각 25%에 달합니다. 이제 외국어가 익숙하지 않은 분이라도 정보를 습득하는 데 전혀 문제가 없는 도구가 생긴 것입니다. 앞에서도 이야기했지만, 이제 정보 습득이 필수인 시대가 됐습니다. 꼭 활용해보기 바랍니다.

편리하게 최신 정보를 확인하자: web.meco.app

뉴스레터는 최신 정보를 쉽게 얻을 수 있는 유용한 방법입니다. 그러나 뉴스레터를 여러 개 구독하다 보면 체계적으로 관리하기 어렵습니다. 수많은 일반 메일과 함께 섞여 있어 중요한 소식을 놓치기 쉽기 때문입니다.

web.meco.app은 뉴스레터를 전문적으로 관리하는 웹 서비스입니다. 뉴스레터 내용을 즉시 확인하고 이미 읽은 뉴스레터는 목록에서 자동으로 삭제하는 편리한 기능을 제공합니다.

web.meco.app은 구글 계정과 연동해 등록하고, 사용법도 간단합니다. **Discover** 메뉴에서는 다양한 추천 뉴스레터를 소개합니다(그림 1-9). Discover 메뉴에서 추천하는 다양한 외국 뉴스레터를 살펴보고 원하는 분야의 지식을 소개하는 뉴스레터를 선택해서 받아볼 수 있습니다.

다음으로 **Bookmarks** 메뉴는 중요한 뉴스레터를 북마크하여 별도로 관리하는 기능입니다(그림 1-10). 하루에도 뉴스레터가 수십 통씩 오기 때문에 중요한 정보를 놓치지 않도록 북마크를 활용하는 것이 좋습니다. 정말로 중요한 정보라고 판단되는 뉴스레터는 북마크하여 별도로 관리합니다.

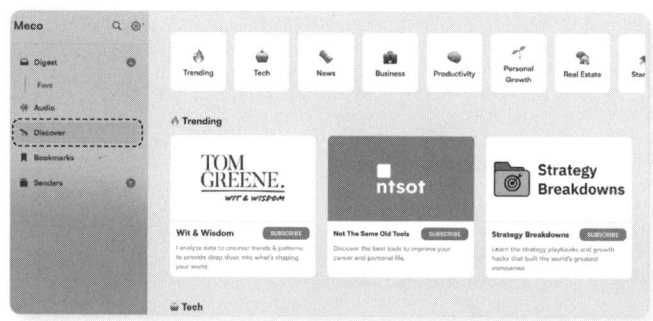

그림 1-9 Discover 메뉴

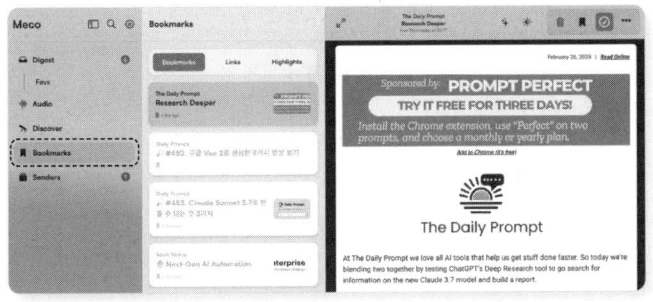

그림 1-10 Bookmarks 메뉴

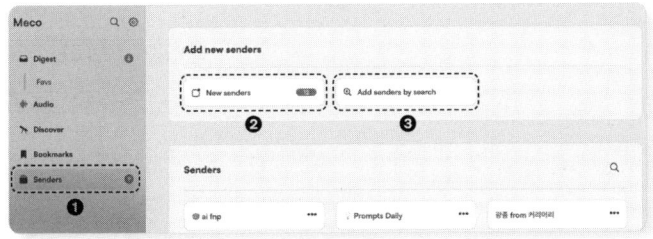

그림 1-11 Senders 메뉴

마지막으로 뉴스레터를 추가하는 Senders 메뉴(❶)입니다. Sender 메뉴에 있는 New Senders 메뉴(❷)를 클릭하면 내 메일 계정을 검색해서 뉴스레터 메일 주소를 추천해줍니다. New Senders를 통해서 추천받은 뉴스레터를 등록하거나 Add senders by search 메뉴(❸)를 클릭해 직접 뉴스레터를 등록할 수도 있습니다(그림 1-11).

web.meco.app은 기능이 단순하지만 최신 뉴스를 빠르게 접할 수 있어 매우 유용합니다. 몇 달 뒤면 한층 성장한 자신의 지식과 능력을 직접 확인하게 될 것입니다.

2 | 자료 조사와 정리의 혁신적 접근

AI와 검색 기술이 융합한 Perplexity 같은 AI 기반 검색엔진이 주목 받고 있습니다. ChatGPT도 웹 검색 기능을 제공하고, 구글은 Deep Research 서비스를 통해 자료 수집을 위한 계획을 수립하고, 추론하며, 인터넷을 검색하는 새로운 검색 방법을 선보였습니다. 또한 구글에서 제공하는 NotebookLM을 이용해 다양하게 수집한 정보를 요약하고, 질의 응답을 하거나 아이디어를 탐색하는 등 새로운 방법으로 활용할 수 있습니다.

　AI 서비스를 활용하면 자료를 수집하고 관리하는 시간을 크게 줄일 수 있고, 새로운 시각에서 조사하고 원하는 형태의 보고서를 만들 수 있습니다. 이어지는 내용에서는 Deep Research를 통한 자료 수집 방법과 NotebookLM을 활용한 다양한 분석 과정을 설명하겠습니다.

자료를 깊고 자세하게 찾아보자

구글 Deep Research는 AI가 자동으로 자료를 찾고 정리해주는 도구입니다. 사용자의 질문에 맞춰 연구 계획을 세운 뒤, 인터넷에서 정보를 수집하고, 주요 내용과 출처가 담긴 보고서를 생성합니다.

　Deep Research로 조사하는 간단한 예를 살펴보겠습니다. 먼저 웹사이트(https://gemini.google.com/app)에서 적절한 모델을 클릭합니다(그림 1-12). 다음으로 아래 입력창에서 **Deep Research**를 선택한 후 검색할 내용을 입력합니다. 이번 예시에서는 화제가 되고 있는 영화 〈하얼빈〉과 관련하여 "이토 히로부미의 죽음이 동아시아 정세에 미친 영향"이라고 질문했습니다(그림 1-13).

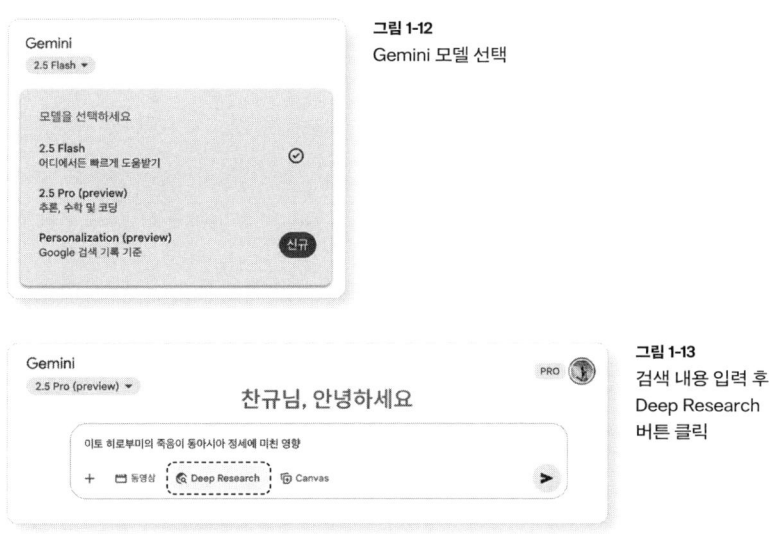

그림 1-12
Gemini 모델 선택

그림 1-13
검색 내용 입력 후
Deep Research
버튼 클릭

질문을 입력하고 엔터키를 누르면 연구를 어떻게 진행할지 계획을 보여줍니다(그림 1-14). 계획 중에서 필요한 내용은 더하거나 고치고, 불필요한 내용은 뺄 수 있습니다. 연구 계획에 대한 수정이 마무리됐다면 **연구 시작** 버튼을 클릭해서 조사를 시작합니다.

약 5분 뒤 워드 문서로 4~5페이지 분량의 상세한 조사 결과가 나옵니다(그림 1-15). 조사 결과 문서 중간에 있는 아이콘(❶)을 클릭해서 자료의 출처(❷)를 확인할 수 있고, **Docs에서 열기** 버튼(❸)을 클릭해 조사 문서 전체를 구글 문서로 변환할 수 있습니다.

조사 결과 문서 가장 하단에는 조사 결과의 출처 목록이 제시됩니다. 이 목록은 추가 조사나 참고 자료의 정확성을 검증하는 데 활용할

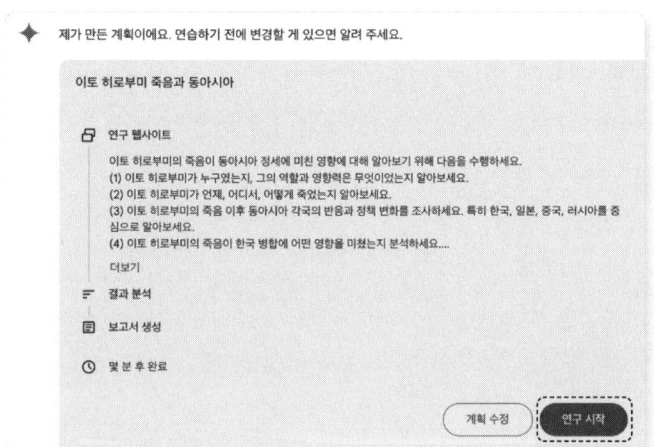

그림 1-14 Deep Research 연구 계획 수립

그림 1-15 Deep Research 조사 결과에 대한 출처 확인

그림 1-16 조사 결과에 대한 원본 링크 정리

수 있습니다(그림 1-16).

이번에는 다른 방법으로 자료 조사를 진행해보겠습니다. "이토 히로부미의 죽음이 동아시아 정세에 미친 영향"이라고 한글로 요청하면 대부분 한글과 영어로 된 자료를 찾습니다. 일본어로 자료 조사를 요청했을 때 다른 관점의 자료 조사가 가능한지 시도해보겠습니다.

앞에서 소개한 DeepL이나 ChatGPT의 번역 기능을 이용해서 질문을 일본어로 번역(伊藤博文の死が東アジアの情勢に及ぼした影響)한 후 자료 조사를 진행해보겠습니다. 일본어로 자료를 요청하면 자료 조사 계획은 물론 설명까지 모두 일본어로 출력됩니다(그림 1-17).

조사 결과는 일본어로 표시(그림 1-18)되지만, "작업 내용을 한글로 번역해서 보여주세요"라고 요청하면 조사 결과를 바로 한글로 번역해서 볼 수 있습니다(그림 1-19).

Deep Research는 웹 기반으로 자료를 수집하고 정리하는 도구입니다. 웹 정보의 신뢰성 문제로 조사한 결과는 다시 한번 확인하는 절

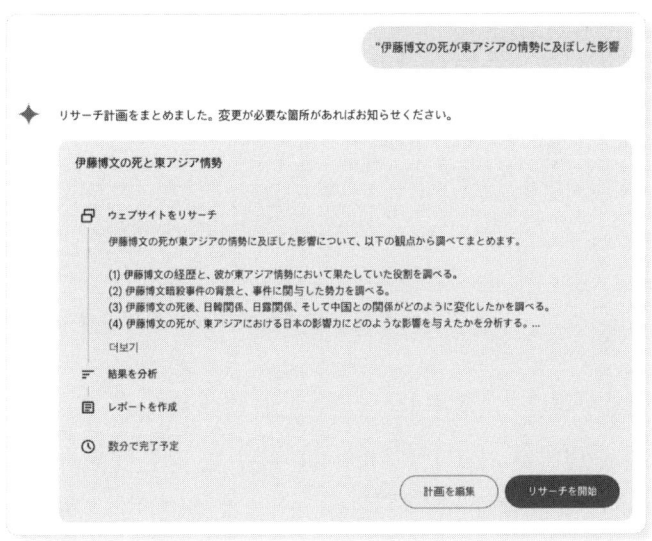

그림 1-17 일본어 프롬프트로 조사한 결과

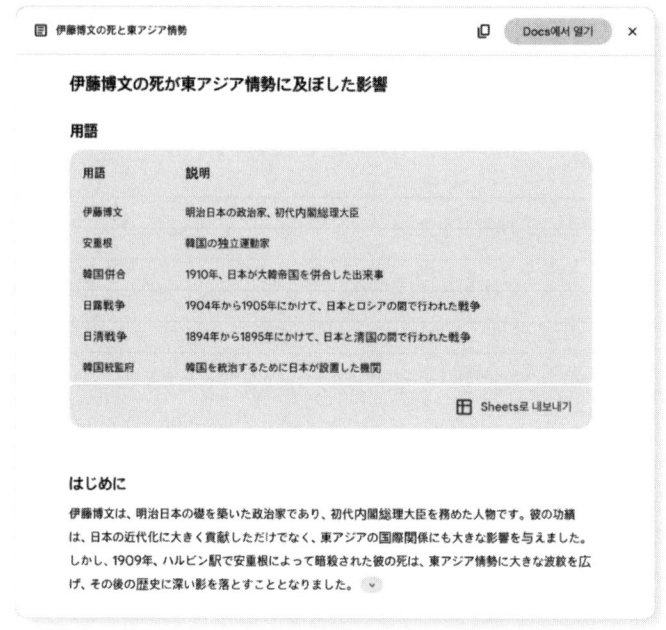

그림 1-18 일본어 프롬프트를 활용할 때 조사 결과

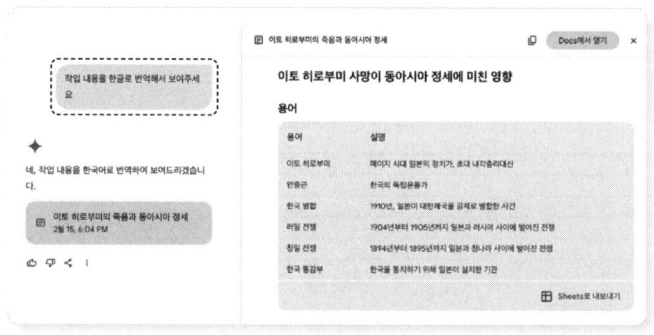

그림 1-19 일본어로 조사한 내용을 번역한 결과

차가 필요합니다. 하지만 요청한 주제에 대해 통합된 자료를 조사하고, 다양한 언어로 자료 검색이 가능하다는 큰 장점이 있습니다. 이제 NotebookLM 도구를 이용해 조사한 자료를 활용하는 방법을 살펴보겠습니다.

자료를 통합해서 관리하기: NotebookLM

NotebookLM은 PDF, 유튜브, 웹페이지 자료를 업로드하여 내용을 요약하거나 마케팅 자료나 학습 노트 같은 다양한 콘텐츠를 생성하는 도구입니다. 구글 계정만 있으면 쉽게 등록할 수 있고 2024년 12월 기준으로 무료입니다.[2]

먼저 웹사이트(https://notebooklm.google/)에서 **NotebookLM 사용해 보기** 버튼을 클릭하고(그림 1-20) 구글 계정을 선택하면,[3] NotebookLM

그림 1-20 NotebookLM 계정 등록

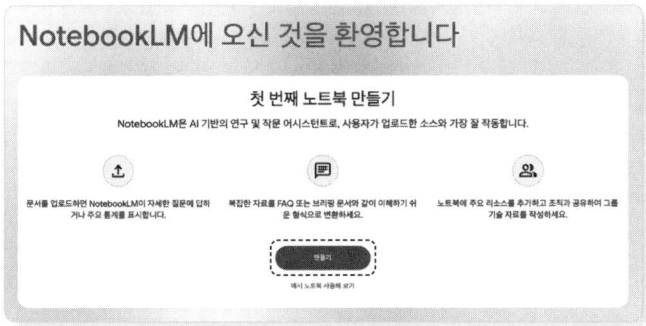

그림 1-21 NotebookLM 최초 화면

---

2 NotebookLM에 업로드한 데이터는 외부에 공개되거나, 공용 모델 학습에 활용되지 않는다고 합니다. 따라서 자료 유출에 대한 걱정 없이 안심하고 사용할 수 있습니다.
3 구글 계정을 통해서만 NotebookLM에 등록할 수 있습니다.

의 최초 화면이 나타납니다(그림 1-21).

만들기 버튼을 클릭하고 나오는 화면에서 유튜브 링크, 구글 문서, PDF 등의 다양한 입력 소스를 추가하여 분석을 진행합니다(그림 1-22).

앞서 Deep Research를 통해 조사한 자료를 기반으로 분석을 진행해보겠습니다. 소스 업로드 화면에서 **Google Docs** 버튼을 클릭하면 구글 드라이브의 문서 목록이 표시됩니다. 앞서 조사한 "이토 히로부미의 죽음이 동아시아 정세에 미친 영향" 문서와 "伊藤博文の死が東アジアの情勢に及ぼした影響" 문서(❶)를 선택하고 **삽입** 버튼(❷)을 클릭합니다(그림 1-23).

그림 1-22 NotebookLM 소스 업로드 화면

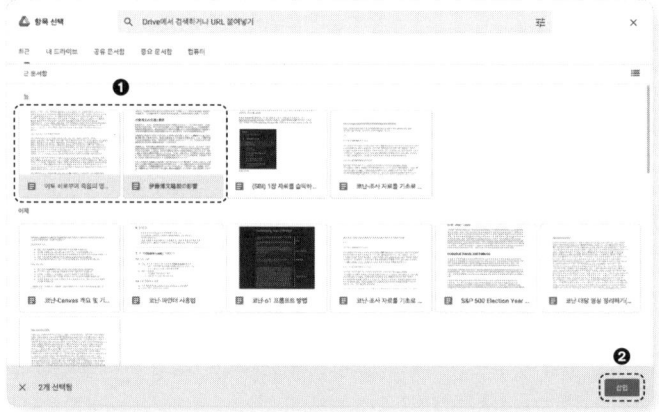

그림 1-23 분석하려는 자료를 선택

[그림 1-24]와 같이 두 개의 문서를 불러와 종합적인 의견(❶)을 제시하고, 해당 자료를 바탕으로 "이토 히로부미 암살이 동아시아 정치에 미친 장기적 영향은 무엇일까요?" 같은 다양한 추천 질문(❷) 목록도 보여줍니다.

그림 1-24 NotebookLM 분석 결과

NotebookLM에 다양한 자료를 계속 추가할 수 있습니다. [그림 1-22]에서 YouTube 버튼을 클릭해서 링크(❶)를 추가한 뒤, "추가한 자료를 포함해서 다시 개요를 작성해주세요" 같은 프롬프트(❷)를 입력해 개요(❸)를 다시 작성합니다. 개요가 새로 작성되면 추천 질문 목록(❹)도 다시 갱신되어 나옵니다(그림 1-25).

NotebookLM은 언어의 제약 없이 다양한 출처의 문서를 통합하여 요약 및 분석할 수 있고, 창의적인 아이디어 생성을 위한 다양한 정보를 제공합니다. 또한 다른 AI 도구와 달리 사용자가 업로드한 개인 문

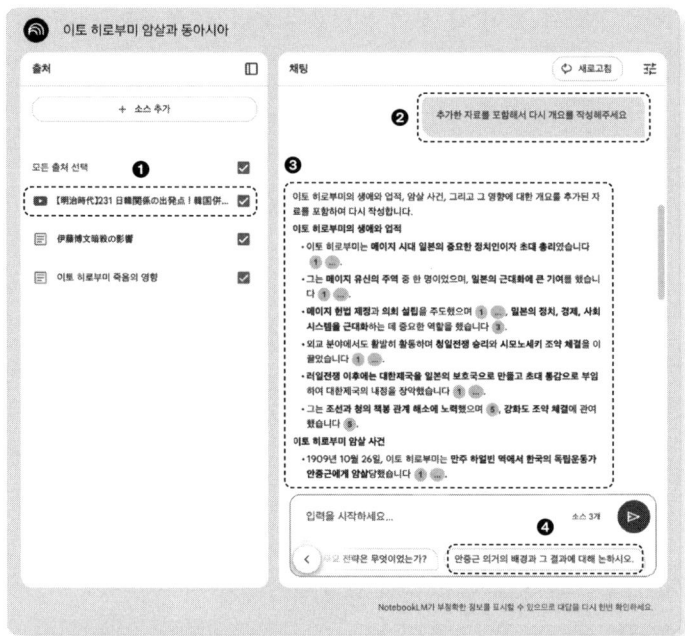

그림 1-25 유튜브 입력 소스 추가

서에만 집중하여 더욱 구체적이고 맞춤형 정보를 제공하는 것이 장점입니다.

자료 정리와 요약에 최적화된 도구라는 점에서 기획부터 마케팅까지 활용도는 무궁무진합니다. 꼼꼼하게 기능을 살펴보고 다양하게 응용해보기 바랍니다.

2장 | AI를 활용한 원고 교정과 편집 작업 효율화

원고를 각색하거나, 도표를 추가하고, 내용을 재배치하는 작업에 AI를 활용할 수 있습니다. 예전에는 교정 담당자가 저자에게 수정을 요청하는 방식이었지만, 이제 AI를 활용하면 편집자가 몇 가지 수정안을 직접 만들어 저자와 더 효율적으로 협의할 수 있습니다.

교정 측면에서도 AI는 맞춤법, 띄어쓰기, 용어 사용에서 발생하는 오류를 찾아내고 수정안을 제시합니다. 물론 AI가 제시하는 수정안이 항상 의도나 맥락에 100% 부합하지 않습니다. 최종 판단에는 사람이 관여해야 하지만, AI를 활용하면 반복적인 검수 과정을 단축하고 시간 여유를 확보할 수 있습니다.

교정에는 해당 분야의 전문 지식이 있는 사람이 필요합니다. 이러한 작업을 AI가 모두 대체하기는 어렵습니다. 하지만 사람이 놓치기 쉬운 부분을 빠르게 확인하고, 일관성 있는 교정 결과를 얻을 수 있습니다. AI를 활용하지 않았을 때보다 생산성을 높일 수 있다는 점은 확실합니다.

1 | 원고 이해·수정·분석을 위한 AI 활용법

원고를 교정하고 기획하는 과정에서는 설명이 부족하거나 구성이 아쉬운 부분이 종종 발견됩니다. 이번에는 원고 내용을 보강하고, 원고를 다양하게 바꿔보는 방법을 알아보겠습니다. 이 책의 다른 내용과 마찬가지로 이해하기 쉽게 구성했습니다. 다양한 시도와 아이디어가 여러분의 AI 실력을 높이고 업무 시간을 줄여줄 겁니다.

내용 이해하기: 도표와 그래프의 의미를 물어보기

경제·경영 도서에서는 다양한 도표와 그래프가 반드시 활용됩니다. 다음은 'Chicago Business Barometer(Chicago PMI)' 지표를 나타낸

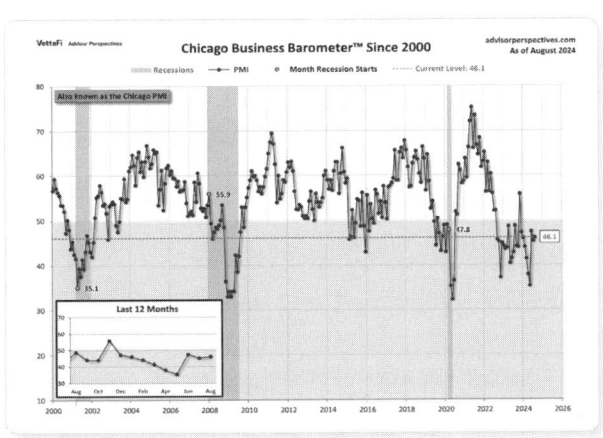

그림 2-1
Chicago Business Barometer 그래프

45

그래프입니다. 원고에 영문과 간단한 설명만 있는 경우, 우선 생성형 AI로 내용을 보강한 뒤, 저자와 적절성을 협의하는 방식으로 업무를 진행할 수 있습니다.

ChatGPT 프롬프트 창에 Chicago PMI 도표 이미지 파일을 업로드하고 다음과 같은 프롬프트를 입력합니다.

당신은 경제 전문가입니다. 그래프에서 나온 영문을 한글로 번역하고, 이 그래프의 의미를 500자 이내의 글로 설명해주세요. 영->한 번역은 다음과 같이 표시해주세요

영어 단어 --> 한글 단어

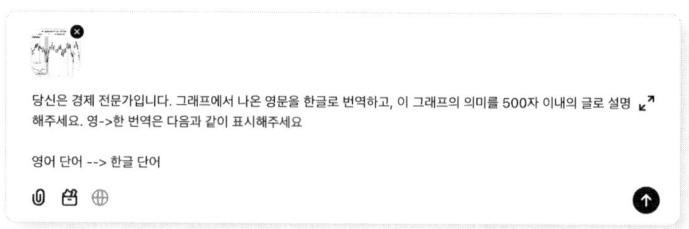

그림 2-2 Chicago Business Barometer 그래프 용어 번역과 해설 요청 프롬프트

ChatGPT는 요청한 사항에 대해 다음과 같은 결과를 제공합니다.

영문 -> 한글 번역:

Chicago Business Barometer™ --> 시카고 비즈니스 바로미터™

Also known as the Chicago PMI --> 시카고 PMI로도 알려짐

Recessions --> 경기 침체

> 그래프의 의미 설명:
>
> 이 그래프는 시카고 비즈니스 바로미터(Chicago PMI)를 나타내며, 이는 시카고 지역 제조업과 비즈니스의 경제 활동을 측정하는 중요한 지표입니다. 시카고 PMI는 경제 활동이 확장되거나 위축되는지 판단하기 위해 사용되며, 수치가 50 이상이면 경기 확장, 50 미만이면 경기 위축을 의미합니다.
>
> 그래프는 2000년부터 2024년 8월까지의 변화를 보여주고 있습니다. 주요 포인트는 다음과 같습니다:
>
> 1. 경기 침체 시기는 회색 음영으로 표시되어 있으며, 시카고 PMI가 이 시기에 크게 하락한 모습이 확인됩니다. 예를 들어, 2008년 금융 위기 당시 PMI는 35.1까지 급락했습니다.
>
> ⋮

ChatGPT에서 나온 결과를 이용해 그래프에 있는 영문을 한글로 바꾸고 내용을 보강하는 작업을 진행하면 됩니다. 이처럼 생성형 AI 기술은 기획/편집자의 역할을 확대하고, 더욱 중요하게 만듭니다. 앞으로 기획력과 AI 활용 기술이 콘텐츠의 질과 방향을 좌우하는 핵심 요소가 될 것입니다.

바꿔보기 첫번째: 텍스트 자료를 표와 그래프로 바꿔보기

[그림 2-3]에 있는 정보는 텍스트 형태보다 표 형태로 표현하는 것이 훨씬 적절합니다. 내용을 분석해 직접 표로 만들 수도 있지만, 시간이 오래 걸리는 작업입니다. 표 작업에 더해 그래프로 관련 내용을 풍부하게 하려면 추가로 작업 시간이 필요합니다. 이럴 때 생성형 AI 도구

를 활용하면 작업 시간을 크게 줄이고 높은 품질의 결과물을 얻을 수 있습니다.

작업 방법은 매우 간단합니다. ChatGPT에 캡처한 이미지를 올리고 "업로드한 이미지 내용으로 표를 만들어주세요"라고 요청하면 됩니다. 그러면 ChatGPT에서는 표 형태로 답변을 해줍니다(그림 2-4).

1종 일반주거지역
1종은 건폐율 60% 이하이며, 용적률은 100% 이상 200% 이하 입니다.
4층 이하의 단독주택, 공동주택,
제1종 근린생활시설, 유치원, 초중고교, 노유자시설의 설립이 가능하며
시군 조례에 의해 건폐율과 용적률은 범위안에서 조절됩니다.

2종 일반주거지역
2종은 건폐율 60% 이하, 용적률 150~250% 이하입니다.
18층 이하의 단독주택, 공동주택,
제1종근생, 종교시설, 유치원, 초중고교, 노유자 시설이 설립가능하며
시군 조례로 정할 수 있습니다.

3종 일반주거지역
건폐율 50% 이하, 용적률 200% 이상 300% 이하입니다.
1종과 2종에 설립가능한 시설들이 모두 가능하며
관할구역의 면적 및 인구규모, 용도지역의 특성 등을 감안하여
시군 조례로 조정 할 수 있습니다.

업로드한 이미지 내용으로 표를 만들어주세요

그림 2-3 텍스트 내용을 표로 변경 요청한 프롬프트

주거지역 표

	지역 유형	건폐율	용적률	주거 유형	설립 가능한 시설	조례 조정
1	1종 일반주거지역	60% 이하	100% 이상 200% 이하	4층 이하의 단독주택, 공동주택	제1종 근린생활시설, 유치원, 초중고교, 노유자시설	시군 조례에 의해 건폐율과 용적률은 범위안에서
2	2종 일반주거지역	60% 이하	150~250% 이하	18층 이하의 단독주택, 공동주택	제1종근생, 종교시설, 유치원, 초중고교, 노유자 시설	시군 조례로 정할 수 있습니다.
3	3종 일반주거지역	50% 이하	200% 이상 300% 이하	1종과 2종에 설립가능한 시설들	1종과 2종에 설립가능한 시설들	관할구역의 면적 및 인구규모, 용도지역의 특성 등을 감안하여 시군 조례로 조정 함

그림 2-4 텍스트 내용이 표로 변환된 결괏값

그림 2-5 대시보드 그래프 작성 요청 프롬프트 및 결과

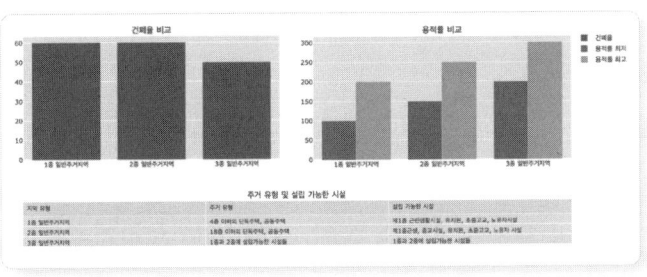

그림 2-6 표에서 변환된 대시보드

다음으로 표 내용을 그래프로 그려보겠습니다. 작업을 위한 프롬프트는 간단합니다. "표에 있는 데이터를 활용해 대시보드를 만들어주세요"라고 요청하면 HTML 형태로 정리된 대시보드 파일을 다운받을 수 있는 링크를 보내줍니다(그림 2-5). HTML을 다운받아서 파일을 열어 보면 잘 정리된 대시보드 형태의 파일을 받을 수 있습니다(그림 2-6). 이 정도 결과를 얻으려면 엑셀이나 파이썬에 능숙해야 하지만, AI를 이용하면 데이터 분석에 익숙하지 않은 사람도 전문가보다 빠르게 작업할 수 있습니다.

> **tip** ChatGPT를 통해 만들어진 결과는 반드시 꼼꼼하게 검토해야 합니다. 또한 항상 같은 결과가 나오지 않는다는 점도 기억해야 합니다. 일정한 결과를 얻기 위해 다양하게 프롬프트를 테스트하고 도구를 사용해보는 노력을 기울여야 합니다.

바꿔보기 두번째: 업로드한 문서를 다양한 형태의 글로 바꿔보기[4]

소설이나 시 같은 순수 창작물이 아닌 이상 대부분의 도서는 참고 자료를 이용해 집필을 진행합니다. 참고 자료를 잘 가공하고, 어떻게 설명하느냐에 따라 책의 품질도 크게 차이가 납니다. 참고 자료를 어떻게 변형해서 원고 내용을 보강하는지, 몇 가지 예제로 살펴보겠습니다.

다음은 제2차 세계대전 당시 태평양에서 활약한 미국 잠수함 USS Tang(SS-306)의 활약상을 정리한 위키피디아 문서의 일부입니다.[5] 이러한 역사적인 자료를 몇 가지 다른 구성의 글로 변형하겠습니다.

> USS Tang (SS-306) was a Balao-class submarine of World War II, the first ship of the United States Navy to bear the name Tang. She was built and launched in 1943, serving until being sunk by her own torpedo off China in the Taiwan Strait on 24 October 1944. In her short career in the Pacific War, Tang sank 33 ships totalling 116,454 tons.[8] Commander Richard O'Kane received the Medal of Honor for her last two engagements (23 and 24 October 1944).[9]

---

4 작업 내용은 'https://bit.ly/SS-306-claude'에서 확인할 수 있습니다.
5 내용 전문은 'https://bit.ly/SS-306'에서 확인할 수 있습니다.

첫번째로 위키피디아 내용을 업로드하고 다음과 같은 프롬프트를 통해 내용을 한글로 번역하거나 요약할 수 있습니다.

 업로드한 자료는 제2차 세계대전 당시 활약했던 USS Tang (SS-306)의 기록입니다. 내용을 한글로 요약해주세요.

 USS Tang(SS-306)은 제2차 세계대전 중 활약한 미국 해군의 잠수함입니다. 1943년에 건조 및 진수되어 1944년 10월 24일 대만 해협 근처에서 자신의 어뢰에 맞아 침몰할 때까지 복무했습니다. Tang은 짧은 전쟁 기간 동안 총 116,454톤의 선박 33척을 침몰시켰습니다. 함장 Richard O'Kane은 마지막 두 번의 교전으로 명예 훈장을 받았습니다.
Tang은 마지막 전투에서 자신이 발사한 어뢰가 원형으로 돌아와 명중하면서 침몰했습니다. 승조원 78명이 전사했고, 9명의 생존자가 일본 호위함에 의해 구조되어 포로가 되었습니다.
︙

다음으로 원본 자료를 다른 형태로 바꿀 수 있습니다. 다음과 같이 수기 형태의 글로 바꾸거나 인터뷰 형식의 글로 바꾸는 것도 가능합니다.

 기록을 함장의 수기 형태로 정리해서 보여주세요. 자료에 있는 전투 기록은 모두 들어갈 수 있도록 해야 합니다.

 나는 USS Tang(SS-306)의 함장 Richard O'Kane 대령이다. 우리 잠수함은 1943년에 건조되어 1944년 10월, 대만 해협에서 어뢰에 피격되어 침몰할 때까지 태평양에서 전투 임무를 수행했다.

첫 번째 전투 초계에서는 1944년 2월 17일 적 선단을 발견하고 공격을 감행, Gyoten Maru(6,800톤)를 침몰시켰다. 22일 야간에는 후쿠야마 마루(3,600톤)와 야마시모 마루(6,800톤)를 격침시켰고, 24일에는 타투타키 마루급 화물선과 에치젠 마루를 연이어 침몰시켰다. 이 작전에서 어뢰 24발을 모두 사용하여 16발을 명중시켰다.

두 번째 초계 때는 트럭 섬 인근에서 추락한 아군 조종사 22명을 구조하는 임무를 수행했다. 6월 8일 시작된 세 번째 초계에서 동중국해와 황해에서 적 선박을 습격했다. 6월 24일 가고시마 남서쪽에서 16척의 호위함이 호위하는 6척의 대형 선박 선단을 발견하고, 네 척의 선박을 침몰시켰다.

⋮

 업로드한 자료를 인터뷰 형식으로 바꿔주세요. 마찬가지로 자료에 있는 전투 기록은 모두 들어가야 합니다.

 기자: 안녕하세요, 리차드 오케인 대령님. 먼저 USS Tang호에서의 경험에 대해 말씀해주시겠습니까?

오케인: 네, Tang은 1943년에 건조되어 1944년 10월, 제가 함장으로 있던 중 대만 해협에서 어뢰에 피격되어 침몰할 때까지 태평양에서 전투 임무를 수행했습니다. 우리 잠수함과 승조원들은 연합군 승리에 크게 기여했다고 자부합니다.

기자: 구체적으로 어떤 전과를 올리셨나요?

오케인: 우리는 총 다섯 차례 작전을 통해 33척, 116,454톤의 적 선박을 격침시켰습니다. 이는 미 해군 잠수함 중 가장 뛰어난 성과입니다.

⋮

지금까지 살펴보았듯이 원본 자료를 자신이 생각하는 기획과 구성에 적절한 글로 바꿔볼 수 있습니다. 저자분께 "이 부분은 수기 형식으로 바꾸면 어떨까요?" 혹은 "이 부분은 인터뷰 형식으로 바꿔주세요"라고 요청하는 것보다 자신이 먼저 틀을 만들고 저자와 협의한다면 진행 시간을 단축할 수 있습니다.

> **tip** 현재 가장 유명한 생성형 AI 서비스는 ChatGPT입니다. 그 밖에 구글의 Gemini와 Anthropic의 Claude를 많이 사용합니다. 특히 Claude는 생성되는 글의 품질이 다른 AI보다 뛰어나다고 평가받습니다. 데이터 분석에는 ChatGPT를 이용하고 글 생성에는 Claude를 이용하는 것처럼 각각 서비스 특성에 맞는 다양한 AI를 활용하는 습관을 들이는 것이 중요합니다.

분석하기: 데이터를 분석해서 그래프 그려보기

책의 설명과 관련된 데이터를 단순히 나열하지 말고, 데이터를 분석해 도표와 그래프로 시각화한 후 원고에 포함해보세요. 데이터를 분석하기 위해서는 엑셀이나 파이썬 같은 도구가 필요했지만, 이제 생성형 AI를 이용해 쉽게 데이터를 분석하고 그래프를 그릴 수 있습니다.

작업을 진행하기 위해서 다음과 같이 KB 부동산 데이터 허브 웹사이트(https://bit.ly/SBI-apart)에서 월간 아파트 매매가격 지수를 엑셀 파일로 다운받습니다(그림 2-7).

엑셀 파일에는 전국, 서울 전체, 강북14개구, 강남11개구, 구청별 월간 아파트 지수가 정리돼 있습니다. ChatGPT에 다운받은 엑셀 파일을 업로드하고 다음과 같은 프롬프트를 입력합니다.

그림 2-7 KB 부동산 제공 아파트 매매가격 지수

- 지역명이 '강북14개구'인 데이터와 '강남11개구'인 데이터의 지수 추세를 그래프로 그리고 관련 분석을 진행해주세요.
- 월별 데이터를 이용해 그래프를 그리는데, X축에는 "YYYY-MM" 형식으로 표시하지 말고 "YYYY"같이 연도만 표시해주세요.

프롬프트 결과로 다음과 같은 분석 결과와 그래프를 얻을 수 있습니다.

분석 결과:

1. 강남11개구:
- 강남 지역의 아파트 매매가격 지수는 강북 지역보다 전반적으로 높은 수준을 유지하고 있으며, 지속적으로 상승하는 경향을 보입니다.
- 2020년 이후로 특히 강한 상승세를 보였으며, 변동성도 상대적으로 적었습니다.

2. 강북14개구:
- 강북 지역의 아파트 매매가격 지수는 상대적으로 낮은 수준에서 시작했지만, 비슷한 상승 추세를 나타내고 있습니다.
- 강남과 비교했을 때, 가격 지수의 변동성이 조금 더 큰 것으로 보이며, 특정 기간 동안 더 급격한 상승과 하락을 경험했습니다.

강남과 강북 지역 모두 2019년 이후 아파트 매매가격이 상승하는 추세를 보였지만, 강남 지역은 더 높은 가격 수준과 안정적인 상승세를 보이는 반면, 강북 지역은 상대적으로 낮은 가격 수준과 더 큰 변동성을 보였습니다.

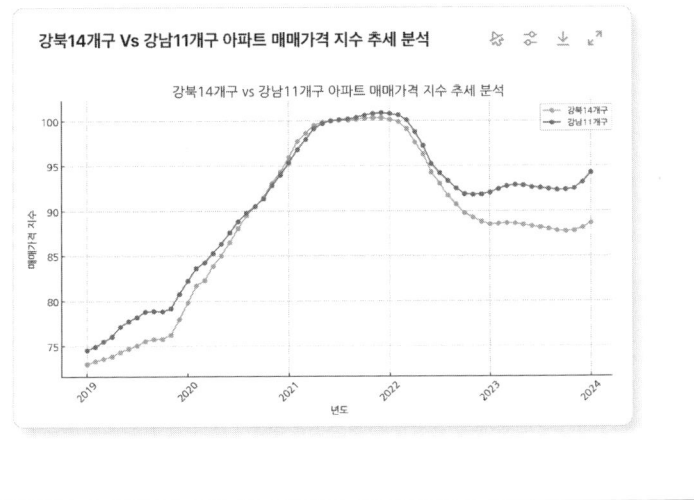

프롬프트를 하나씩 살펴보겠습니다. 먼저 다음 프롬프트에서 작업 개요를 설명했습니다. 원하는 것을 정확히 알려줄수록 ChatGPT는 항상 정확한 결과를 보여줍니다.

 - 지역명이 '강북14개구'인 데이터와 '강남11개구'인 데이터의 지수 추세를 그래프로 그리고 관련 분석을 진행해주세요.

다음은 그래프의 형태를 지정하는 프롬프트입니다. 아래 프롬프트가 없었다면, X축에 모든 월이 표시되어 다음 그림과 같이 보기 어려운 그래프가 생성될 수도 있습니다.

- 월별 데이터를 이용해 그래프를 그리는데, X축에는 "YYYY-MM" 형식으로 표시하지 말고 "YYYY"같이 연도만 표시해 주세요.

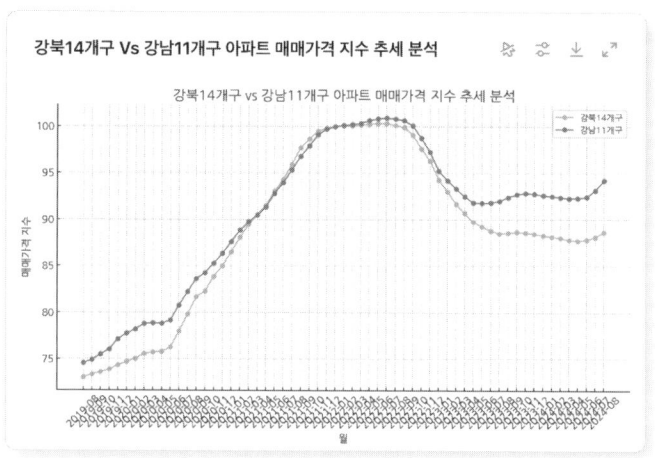

지금까지 엑셀 파일을 그래프로 만들어서 분석하는 방법을 살펴봤습니다. 처음에는 익숙하지 않겠지만, 한두 번 해보고 오류를 수정해 보면 여러분이 가지고 있는 데이터를 필요한 모든 형태의 자료로 변환해 사용할 수 있을 겁니다.

tip 아직 ChatGPT에서 그래프를 그릴 때 한글을 완벽하게 지원하지 않습니다. 다음과 같이 한글이 깨져 보인다면 웹사이트(https://bit.ly/kor-lib)에서 파일을 다운받아 업로드한 후에 아래 프롬프트를 입력하면 됩니다.

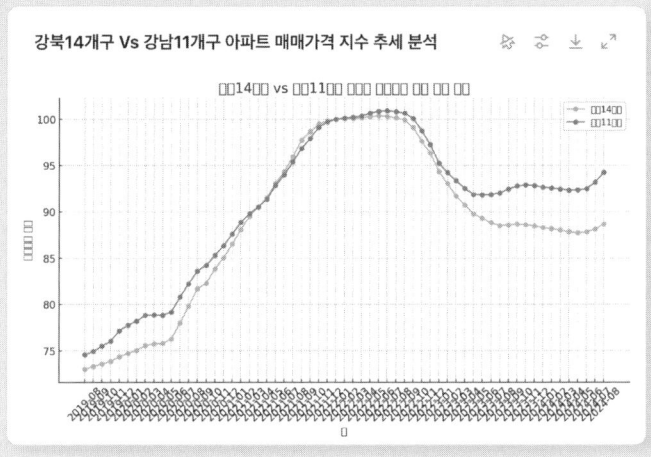

 - 업로드한 라이브러리를 설치한 후 한글로 표시해주세요.

2 | 문장 교정 챗봇 만들기

어떤 종류의 책이든 읽기 편한 텍스트로 내용을 구성해야 합니다. 긴 문장은 적절히 끊어서 짧은 문장으로 나누거나, 접속사를 활용해 문장 간의 자연스러운 흐름을 만들어야 합니다. 또한 불필요한 반복이나 중복된 표현을 제거함으로써 내용을 효율적으로 전달하는 것도 필수적입니다.

경험이 풍부한 교정자는 이러한 작업을 문제 없이 수행하지만, 경험이 부족한 사람은 일관성 있는 교정 결과를 내기 어렵습니다. 이럴 때 기본적인 교정 원칙을 학습한 챗봇을 활용하면 어느 정도 일관성 있는 결과를 얻을 수 있습니다.

챗봇을 통해 교정된 문장은 당연히 추가 작업이 필요합니다. 하지만 챗봇이 1차로 문장을 교정해주면, 그렇지 않을 때보다 확실히 시간을 절약할 수 있습니다. 회사가 보유한 교정 노하우로 간단하게 챗봇을 만들어보고, 작업 시간을 단축해보기 바랍니다.

GPTs(챗봇) 제작에 대한 기본 지식 설명

ChatGPT의 GPTs 기능은 OpenAI가 2023년 11월에 출시한 맞춤형 ChatGPT로, 사용자가 특정 목적이나 역할에 맞춰 자신만의 ChatGPT를 만드는 기능입니다. 예를 들어, 수학 교사나 작문 코치 같은 전문가

그림 2-8 GPT 버튼 클릭

그림 2-9 +만들기 버튼 클릭

역할을 수행하는 챗봇을 만들거나, 데이터 분석이나 코드 리뷰처럼 특정 작업을 위한 챗봇 제작이 가능합니다.

이번에는 텍스트 파일을 업로드하거나 문장을 입력하면 지정한 원칙에 따라서 교정 작업을 진행하는 챗봇을 만들어보겠습니다.[6]

먼저 ChatGPT 웹사이트(https://chat.openai.com/)에 접속한 다음 왼쪽 메뉴에서 **GPT** 메뉴를 클릭합니다(그림 2-8). GPTs 스토어가 나오면 오른쪽 위에 있는 **+ 만들기** 버튼을 클릭합니다(그림 2-9). [그림 2-10]은 **+ 만들기** 버튼을 클릭했을 때 나오는 화면으로 여기서 챗봇에 대한 세부 사항을 설정합니다.

챗봇 설정 화면에서 입력해야 할 주요 항목은 다음과 같습니다.

---

6 GPTs 만들기는 유료 사용자만 가능합니다.

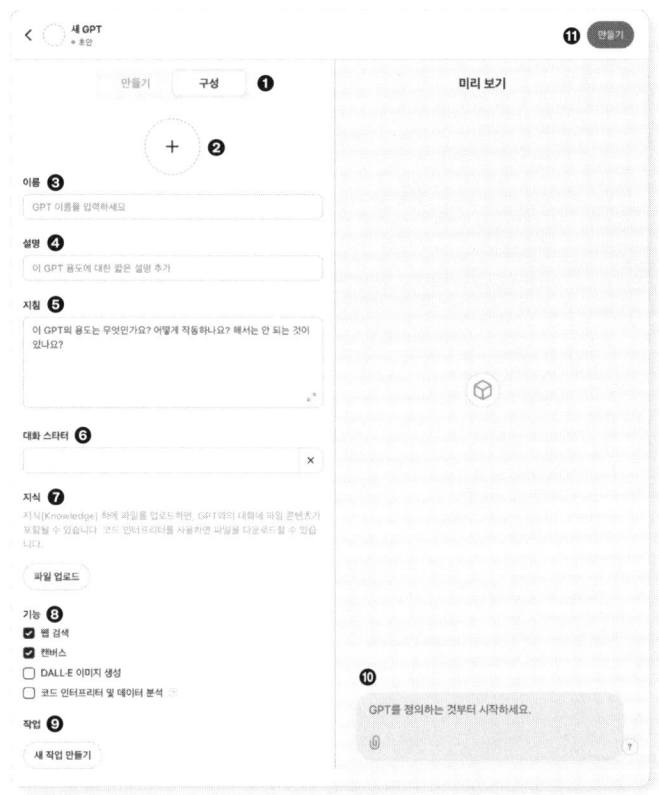

그림 2-10 챗봇 설정 화면

❶ 챗봇 작성 방식 선택: **만들기** 탭을 선택하면 ChatGPT와의 질의 응답을 통해서 챗봇을 만들 수 있습니다. 처음 챗봇을 만드는 사람에게 추천하지만, 세부적으로 지정해 자신이 원하는 챗봇을 만들기 위해서는 **구성** 탭을 선택해 챗봇을 작성해야 합니다.

❷ 아이콘 만들기: 챗봇 아이콘을 만들 수 있습니다. **+ 버튼** 클릭 후 이미지를 업로드하거나 DALL·E 3을 이용해 아이콘을 만들 수 있습니다.

❸ 이름: 챗봇 이름을 입력합니다.

❹ 설명: 챗봇에 대한 짧은 설명을 추가합니다. 챗봇이 어떤 기능을

하는지 다른 사람이 알 수 있게 명확하게 설명합니다.
- ❺ 지침: 이 챗봇이 어떻게 작동하는지 세부적인 지침을 설정합니다. 가장 중요한 필드입니다. 아래 상세하게 설명합니다.
- ❻ 대화 스타터: 챗봇 사용자를 위한 샘플 프롬프트를 입력합니다. 필수 사항은 아닙니다. 챗봇을 사용해보면서 유용한 프롬프트를 정리해 나중에 추가해도 됩니다.
- ❼ 지식: 챗봇이 활용할 지식이나 규칙 같은 문서를 업로드합니다. 내부적인 교정/편집 가이드가 있다면 텍스트 파일이나 PDF로 만들어 업로드해서 사용합니다. 만약 가이드 문서를 업로드했다면, ❺ 지침 부분에서 업로드한 파일을 참고하라는 내용을 추가하는 것이 좋습니다.
- ❽ 기능: 웹 검색, 캔버스, DALL·E 이미지 생성, 코드 인터프리터 및 데이터 분석 같은 기능을 선택합니다. 이번 교정 챗봇에서는 DALL·E 이미지 생성, 코드 인터프리터 및 데이터 분석 기능은 필요하지 않기 때문에 웹 검색과 캔버스 기능만 선택합니다.
- ❾ 작업: API를 통해 외부 서비스와 연결하는 작업을 지원합니다.
- ❿ 테스트: 만들어진 챗봇을 테스트하는 창입니다.
- ⓫ 만들기: 모든 설정과 테스트가 마무리된 후 **만들기** 버튼을 클릭하면 챗봇 작성이 완료됩니다.

❺ 지침이 문장 교정 챗봇의 핵심으로, 입력한 문장을 어떤 원칙으로 교정 진행해야 하는지 ChatGPT에게 명령하는 문장으로 구성돼 있습니다. 문장 교정 챗봇에서는 다음과 같은 지침을 사용합니다.(전체 지침은 'https://bit.ly/Proofreading-bot'에서 확인할 수 있습니다.)

당신은 전문적인 기술 문서 편집자입니다. 다음 지침과 예시를 참고하여 텍스트를 개선하세요:

1. 문체 변환:
- 불필요한 반복과 군더더기를 제거하고 간결한 문장으로 만드세요.

  예시)

  전: "자, 그러면 미리 만들어져 있는 기능이라는 게 어떤 의미인지 제가 요리에 빗대어서 한번 말씀을 드려볼게요."

  후: "미리 만들어져 있는 기능이라는 개념을 요리에 비유해 설명해 보겠다."

2. 구조 개선:
- 내용을 논리적 순서로 재배열하세요.
- 긴 단락을 더 짧고 집중된 단락으로 나누세요.
- 각 단락이 하나의 주요 아이디어나 개념을 다루도록 하세요.

  예시)

  전: "그래서 저희가 실제 이 프로젝트 쓸 거 아니니까 이제 언어랑 이렇게 프로젝트 정도만 설정해주고 의존성은 설정하지 않은 채 Generate, 생성을 해보겠습니다."

  후: "이번 프로젝트에서는 사용하지 않을 예정이므로 앞에서 언급한 내용만 설정하고 의존성은 설정하지 않은 채로 하단의 Generate 버튼을 눌러 프로젝트를 생성해보겠다."

3. 명확성 향상:
- 모호한 표현을 구체적이고 명확한 설명으로 대체하세요.
- 전문 용어를 사용할 때는 간단한 설명을 덧붙이세요.

  ⋮

지침에서 첫 문장은 ChatGPT의 역할을 정하는 문장입니다. 이후 1~12번까지의 내용은 어떤 원칙으로 문장을 교정할지에 대한 지침입니다. 위키북스는 IT 전문 기술서를 출간하는 출판사로, 전문서 교정 원칙에 따라 예시와 함께 지침을 정리했습니다.

이와 같은 지침은 한 번에 만들어지지는 않습니다. 먼저 간단한 지침으로 챗봇을 만들고 다양한 테스트를 통해 계속 지침을 보강해나갈 수 있습니다. 지침 작성이 어렵다면, Claude 프롬프트 생성기[7]나 ChatGPT GPTs 스토어에 있는 다양한 프롬프트 작성용 챗봇을 이용해 초안을 작성한 뒤 수정하는 방식으로 작업하면 편리합니다.

문장 교정 챗봇을 직접 만들어보기

그럼 지금까지 배운 지식을 기초로 문장 교정 챗봇을 만들고 실행해 보겠습니다. 챗봇 만들기 화면에서 다음 사항을 입력(❶)하고 **만들기** 버튼(❷)을 클릭합니다(그림 2-11).

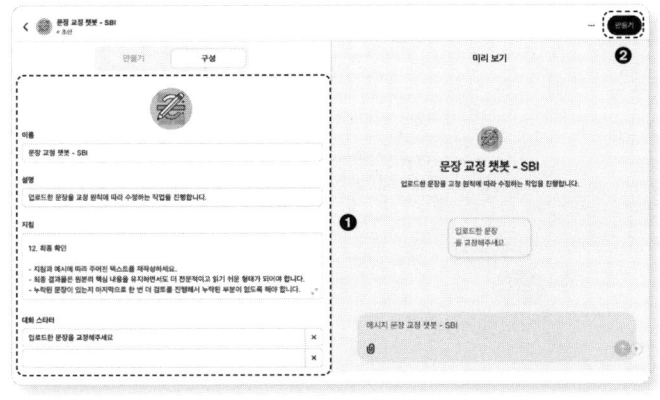

그림 2-11 챗봇 설정 화면

---

7 https://console.anthropic.com/dashboard

- 이름: "문장 교정 챗봇 – SBI" 입력
- 설명: "업로드한 문장을 교정 원칙에 따라 수정하는 작업을 진행합니다" 입력
- 지침: https://bit.ly/Proofreading-bot에 정리된 지침 입력
- 대화 스타터: "업로드한 문장을 교정해주세요" 입력

다음으로 지금 만든 챗봇을 어디까지 공유할지 선택하는 화면이 나옵니다. 자신만 사용하는 챗봇으로 설정하거나 링크를 통해 지인들에게만 공유할 수 있습니다. 아니면 GPT 스토어에서 전체 공유를 선택해 ChatGPT를 이용하는 모든 사람에게 공유하는 것도 가능합니다.

공유 수준을 결정해 선택한 후 **저장** 버튼을 클릭하고(그림 2-12), 마지막에 **GPT 보기** 버튼을 클릭하면(그림 2-13) 문장 교정 챗봇 만들기 작업이 마무리됩니다.

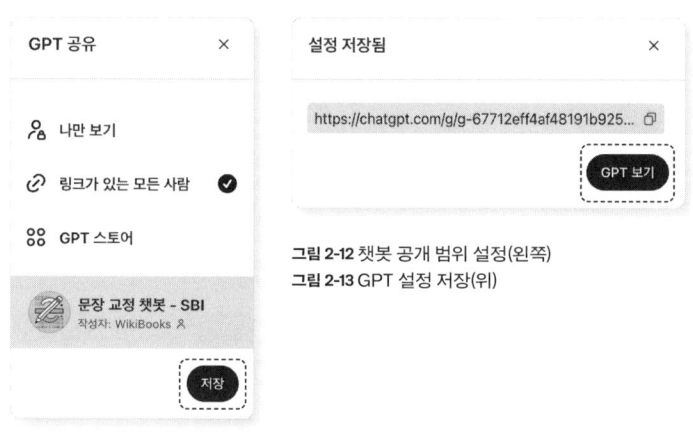

그림 2-12 챗봇 공개 범위 설정(왼쪽)
그림 2-13 GPT 설정 저장(위)

챗봇이 정상적으로 작성됐다면 화면 왼쪽에 나오는 **문장 교정 챗봇-SBI**를 클릭해 사용하면 됩니다(그림 2-14).

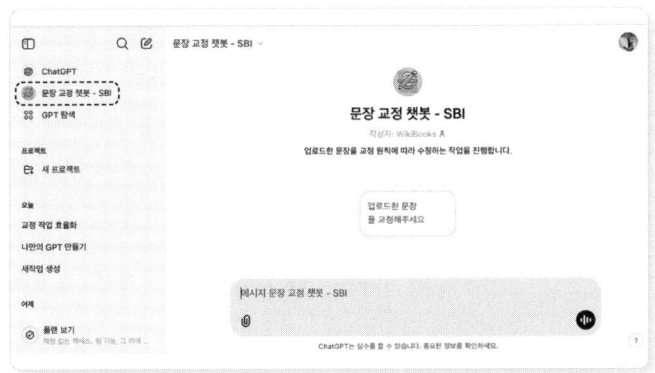

그림 2-14 문장 교정 챗봇 실행

사용 방법은 교정할 문장을 입력하거나(그림 2-15), 교정할 문장을 정리한 txt 또는 PDF 파일을 올리고 교정을 요청하면(그림 2-16) 됩니다.

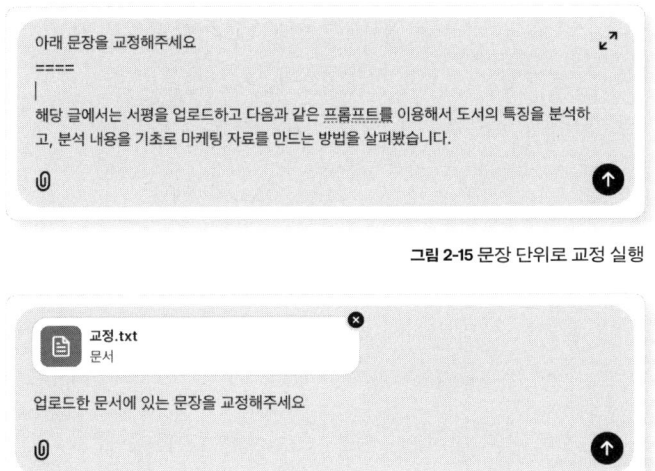

그림 2-15 문장 단위로 교정 실행

그림 2-16 문서 단위로 교정 실행

교정 결과는 챗봇 '지침'에서 지정한 내용 그대로 다음과 같이 출력됩니다. 출력 결과를 보고 프롬프트를 수정해서 자신만의 교정 챗봇을 완성하면 됩니다.

[원문]
이번 챕터에서는 피그마에서 표현하는 대상인 벡터 그래픽과 텍스트, 그리고 비트맵 이미지를 다뤄보겠습니다. 이 셋은 디자인을 표현하는 가장 기본이 되는 요소들입니다. 벡터 그래픽으로는 주로 아이콘과 그래픽 이미지를 만들 수 있고, 텍스트로 제목과 부제, 본문 등으로 읽을 수 있는 콘텐츠를 만드는 데 사용하고, 비트맵 이미지는 구체적으로 이미지를 제시하여 직접적인 분위기를 표현하거나 구체적으로 현재 사용하는 대상이 무엇인지 전달합니다. 이 세 가지 요소를 잘 다뤄서 앞으로 만들 디자인 요소들을 직접 제작하는 것이 이번 챕터의 목표입니다. 또한 피그마에서 도구 사용법을 잘 이해하면 다른 툴에 비해 더 쉽게, 좀더 효율적으로, 다양한 표현을 만들 수 있습니다. 앞으로 나올 사용법으로 최대한 다양한 방식으로 벡터 그래픽, 텍스트, 이미지를 만들어보고, 응용할 수 있도록 안내해드리도록 하겠습니다.

[수정문]
이번 챕터에서는 피그마에서 표현하는 세 가지 주요 요소인 벡터 그래픽, 텍스트, 비트맵 이미지를 다뤄보겠습니다. 이 요소들은 디자인 표현의 기본입니다.

- 벡터 그래픽: 주로 아이콘과 그래픽 이미지를 제작하는 데 사용됩니다.
- 텍스트: 제목, 부제, 본문 등 가독성이 필요한 콘텐츠를 만드는 데 활용됩니다.
- 비트맵 이미지: 구체적인 분위기를 전달하거나 현재 사용하는 대상을 명확히 보여줍니다.

이 세 가지 요소를 익히고, 직접 디자인 요소를 제작하는 것이 이번 챕터의 목표입니다. 피그마의 도구 사용법을 이해하면, 다른 툴보다 더 쉽게, 효율적으로 다양한 표현을 만들 수 있습니다. 본 챕터에서는 이러한 도구들을 활용해 벡터 그래픽, 텍스트, 이미지를 다양한 방식으로 제작하고 응용할 수 있도록 안내하겠습니다.

[교정 사항]

1. 문장 구조 개선
- 원문의 긴 문장을 목록 형식으로 분리해 가독성을 높였습니다.
- 중복된 표현과 불필요한 군더더기를 제거했습니다.

2. 명확성 향상
- '벡터 그래픽', '텍스트', '비트맵 이미지'의 역할을 명확히 설명했습니다.
- 모호한 문장을 구체적으로 다듬었습니다.

3. 일관성 유지
- 각 요소에 대한 설명의 어조와 형식을 통일했습니다.

4. 전문성 강화
- 비격식적이고 반복적인 표현을 간결하고 전문적인 문체로 수정했습니다.

다른 부분도 필요하면 추가로 교정해드리겠습니다!

3장 | 도서 제목 생성 템플릿 및 AI를 활용한 표지 시안 제작

3장에서는 출판 업무의 핵심 과정인 도서 제목 생성과 표지 디자인에 생성형 AI를 활용하는 실용적인 방법을 다룹니다. 구글 스프레드시트와 Claude for Sheets를 연동한 도서 제목 자동 생성 템플릿을 통해 키워드, 대상 독자, 목차 등의 기본 정보만으로도 창의적이고 매력적인 제목 후보들을 효율적으로 생성할 수 있는 방법을 소개합니다. 또한 NotebookLM을 활용해 도서 특징 정보를 자동으로 추출하고, 미드저니 같은 AI 이미지 생성 도구로 표지 시안을 제작하는 전 과정을 단계별로 설명합니다.

이러한 구체적인 도구 활용법을 익히는 것도 중요하지만, 더 본질적인 가치는 다양한 AI 도구와 서비스를 지속적으로 탐색하고 실험하며 자신만의 효율적인 업무 프로세스를 구축하는 데 있습니다. 기술의 발전 속도가 빠른 만큼 새로운 도구들이 계속 등장하고 있으며, 각자의 업무 환경과 필요에 맞는 최적의 조합을 찾아가는 과정이야말로 진정한 생산성 향상의 열쇠입니다.

1 | 도서 제목 생성 템플릿 만들기

책 제작 마지막 단계에서 가장 중요한 과정 중 하나는 책 제목을 정하는 일입니다. 적절한 제목은 독자의 관심을 끌고 책의 내용을 효과적으로 전달하며, 출간 후 성공 여부에도 큰 영향을 미칩니다.

일반적으로 키워드, 대상 독자, 유사도서 제목, 목차와 같은 다양한 도서 정보를 바탕으로 제목을 구상합니다. 하지만 이 과정은 오랜 시간이 소요될 뿐만 아니라 만족스러운 결과를 얻기도 쉽지 않습니다.

이번에 소개하는 '도서 제목 생성 템플릿'은 도서 기본 정보를 입력해 다양한 제목을 자동으로 생성하는 구글 스프레드시트입니다. 구글 스프레드시트 같은 도구나 API 개념에 익숙하지 않은 분은 다소 이해하기 어려울 수도 있습니다. 하지만 '도서 제목 생성 템플릿' 작성법이 어렵다면, 사용법만 익혀도 업무에 충분한 도움이 될 것입니다. 단계를 따라 차근차근 익혀보세요.

템플릿 실행하기

책에서 제공하는 다음 원본 문서를 바탕으로 사본을 만들어 작업을 진행하겠습니다. 다음 주소(https://bit.ly/도서제목생성)에 접속한 후 **파일 → 사본 만들기**를 눌러 파일을 복사합니다(그림 3-1). 사본 만들기 버튼을 클릭한 후 구글 스프레드시트 문서를 볼 수 있습니다(그림 3-2).

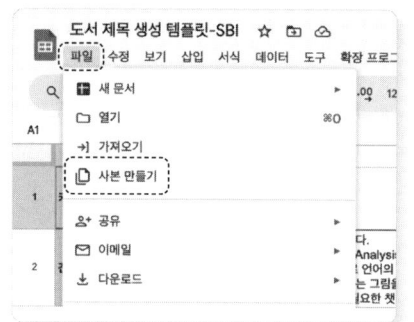

그림 3-1 도서 제목 생성 템플릿 사본 만들기(왼쪽)
그림 3-2 도서 제목 생성 템플릿 사본(아래)

도서 제목 생성 템플릿은 '키워드', '간략한 소개', '책의 특징', '대상 독자', '목차', '유사도서 제목', '참고용 도서 제목' 같은 도서 특징을 입력하는 부분과 입력한 특징을 기반으로 제목을 생성하는 '제목생성' 컬럼으로 구성됐습니다.

처음 문서를 열었다면 먼저 Claude for Sheets라는 AI 도구를 활성화해야 합니다. Claude for Sheets는 구글 스프레드시트에서 생성형 AI 서비스인 'Claude'를 쉽게 사용하도록 도와주는 확장 프로그램입니다. '부록 A Claude for Sheets 설치 및 사용법'을 참고하여 Claude for Sheets를 설치하고, Claude를 사용하기 위한 API 키를 생성합니다.

Claude for Sheets 도구를 설치하고, Claude API 키를 얻었다면 템플릿 문서에서 **확장 프로그램**(❶) → **Claude for Sheets**(❷) → **Open**

그림 3-3 Claude for Sheets 환경 설정

sidebar(❸)를 순서대로 클릭합니다(그림 3-3).

오른쪽에 설정화면이 나오면 **메뉴** 아이콘(❶) → **Settings**(❷) 순서로 클릭합니다(그림 3-4).

이어서 왼쪽 메뉴에서 API provider(❶) 부분을 클릭한 후 나오는 Anthropic API key(❷) 부분에 생성한 API 키를 입력하

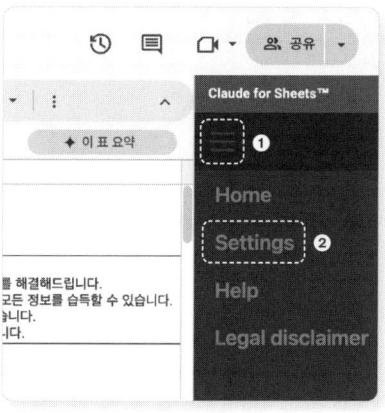

그림 3-4 Claude for Sheets 환경 설정

고 Save 버튼(❸)을 클릭합니다. 얼마 후 입력한 키 부분이 초록색으로 변하면서 Valid API key라고 표시(❹)되고 버튼이 Saved!로 변경(❺) 되면 정상적으로 Claude for Sheets를 사용할 수 있습니다(그림 3-5).

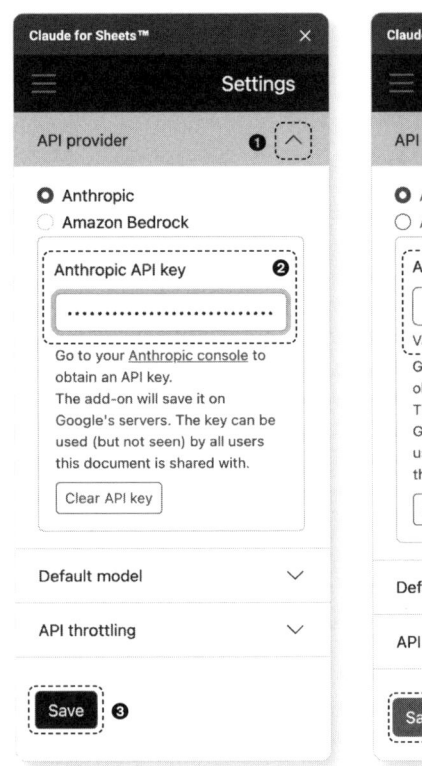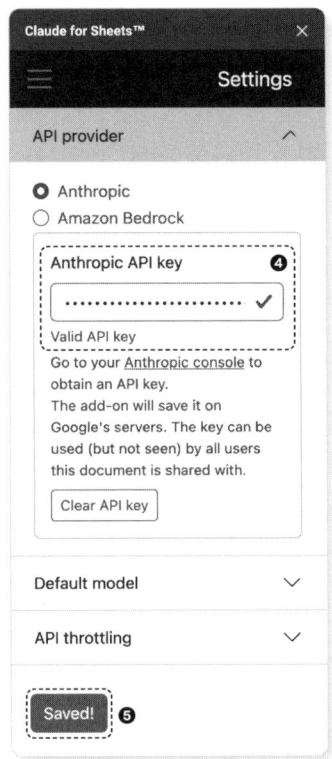

그림 3-5 Claude for Sheets 환경 설정

마지막으로 **확장 프로그램**(❶) → Claude for Sheets(❷)를 클릭한 후 Recalculate cells(❸) 메뉴를 클릭하면 제목이 생성(❹)됩니다(그림 3-6).

두 번째 실행부터는 문서 활성화 절차 없이도 도서 특징 정보를 수정하면 자동으로 제목이 생성됩니다. 키워드 같은 도서 특징 정보를 수정해서 제목을 다시 생성할 수 있습니다. 또한 제목이 생성된 B8 컬

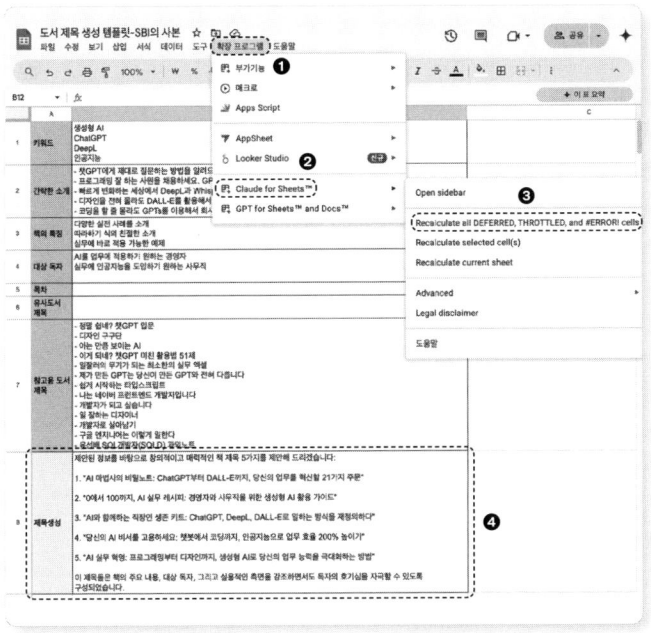

그림 3-6 제목생성 함수 실행

럼을 복사해 다른 컬럼에 붙여넣으면 기존과 다른 제목이 생성됩니다. 키워드 등의 도서 특징을 다양하게 바꿔보면서 원하는 제목이 나올 때까지 충분히 테스트해보세요.

제목생성 함수 설명

링크에 있는 도서 제목 생성 템플릿 사용법만 익혀도 업무에 충분히 활용할 수 있습니다. 그러나 더 효과적으로 활용하려면 템플릿이 어떻게 구성되고 작동하는지 이해하는 것이 좋습니다.

템플릿의 핵심은 B8 컬럼에 있는 다음과 같은 제목생성 함수입니다.

75

 =claude(
join(CHAR(10),
"책 제목을 만들고자 합니다. 아래 정리된 <키워드>, <간략한 소개>, <책의 특징>, <대상 독자>, <목차>, <유사도서 제목>, <참고용 도서 제목>을 참고해서 창의적이고 매력적인 책 제목 5가지를 제안해주세요.",
"",
"<키워드>",
B1,
"",
"<간략한 소개>",
B2,
"",
"<책의 특징>",
B3,
"",
"<대상 독자>",
B4,
"",
"<목차>",
B5,
"",
"<유사도서 제목>",
B6,
"",
"<참고용 도서 제목>",
B7,
)
)

제목생성 함수는 claude()라는 함수를 사용합니다. Claude for Sheets를 설치한 후에 claude() 함수를 이용해 Claude AI에게 작업을 요청하는 방식입니다.

claude() 함수 안에는 join() 함수가 사용됩니다. join() 함수는 구글 스프레드시트에서 지원하는 함수로 다음과 같은 프롬프트와

"책 제목을 만들고자 합니다. 아래 정리된 <키워드>, <간략한 소개>, <책의 특징>, <대상 독자>, <목차>, <유사도서 제목>, <참고용 도서 제목>을 참고해서 창의적이고 매력적인 책 제목 5가지를 제안해주세요.",

다음 도서 특징을 문장으로 연결하는 작업을 수행합니다.

"<키워드>",
B1,

제목생성 함수는 필요에 따라 다양하게 수정하여 사용합니다. 예를 들어, '〈키워드〉에 포함된 단어를 반드시 사용하세요'라는 조건을 추가하거나, 도서 특징 컬럼을 추가하거나 삭제하는 등의 조건 변경이 가능합니다.

"책 제목을 만들고자 합니다. 아래 정리된 <키워드>, <간략한 소개>, <책의 특징>, <대상 독자>, <목차>, <유사도서 제목>, <참고용 도서 제목>을 참고해서 창의적이고 매력적인 책 제목 5가지를 제안해주세요. **<키워드>에 포함된 단어를 반드시 사용하세요**",

claude() 함수를 다양하게 바꿔보면서 도서 제목을 생성해보세요. claude() 함수 사용법을 익혀두면 교정 템플릿(그림 3-7)이나 번역 검증 템플릿(그림 3-8) 등 업무에 활용할 수 있는 다양한 템플릿을 직접 만들어서 활용할 수 있습니다.

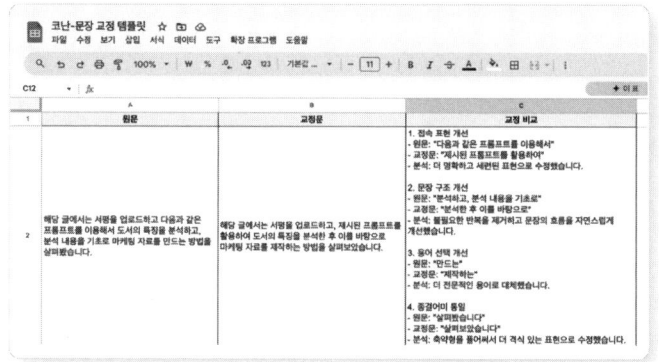

그림 3-7 claude() 함수를 이용해서 만든 교정 템플릿

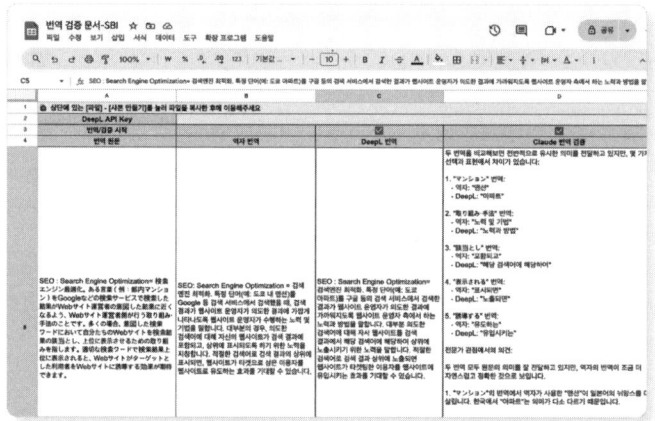

그림 3-8 claude() 함수를 이용해서 만든 번역 검증 템플릿

NotebookLM에서 도서 특징 생성하기

도서 제목 생성 템플릿에 입력하는 도서 특징, 키워드, 간략한 소개 같은

자료를 준비하는 것도 자동화하고 싶다면, 1장에서 설명한 NotebookLM (https://notebooklm.google.com/) 서비스를 추천합니다.

NotebookLM에서 만들기 버튼을 클릭하고 나오는 화면에서 소스 업로드 부분에 파일을 업로드하면(그림 3-9), 업로드한 자료 기반의 노

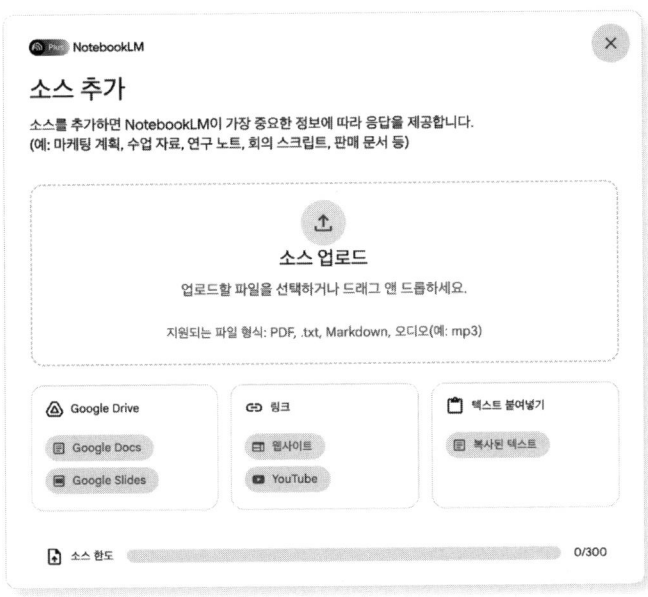

그림 3-9 NotebookLM 자료 업로드 화면

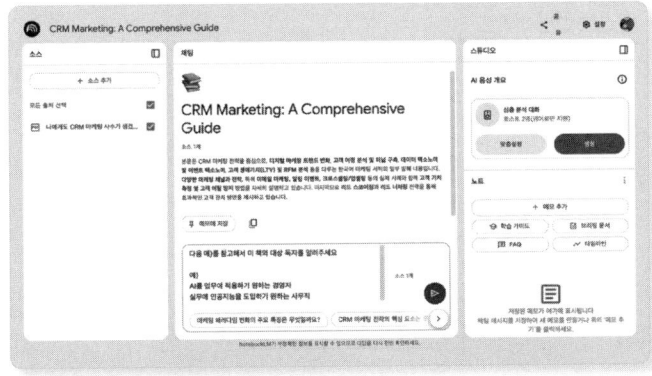

그림 3-10 NotebookLM 자료 업로드 후 자료에 대한 분석 결과 화면

트북이 생성됩니다(그림 3-10). 사용법 역시 간단합니다.

NotebookLM 입력창에 다음과 같이 필요한 정보를 프롬프트 형태로 입력하면, 요청 사항에 대해 답변해줍니다(그림 3-11). 답변에 있는 번호를 클릭하면 해당 답변이 업로드한 PDF의 어느 부분을 참조했는지 알 수 있습니다.

다음 예를 참고해서 이 책의 대상 독자를 알려주세요.
예)
AI를 업무에 적용하기 원하는 경영자
실무에 인공지능을 도입하기 원하는 사무직

이 책의 대상 독자는 다음과 같습니다:
• 마케팅에 대한 기본적인 이해를 가진 사람 ❶ ❷
• CRM 마케팅을 배우고 싶어하는 사람 ❶
• 데이터 분석을 통해 마케팅 효율을 높이고자 하는 사람 ❸ ❹ ❺
• 개인화된 마케팅 전략을 수립하고 싶은 사람 ❻ ❼ ❽ ❾ ❿
• 디지털 마케팅 환경에서 마케터로서의 역할을 재정의하고 싶은 사람 ⓫
⋮

대상 독자에 대한 요청 이외에 도서 제목 생성 템플릿에 입력해야 할 키워드, 간략한 소개, 특징 같은 필요한 모든 정보에 대해서도 질문해 답변을 얻어보기 바랍니다. 상당한 시간을 줄일 수 있습니다.

지금까지 도서 제목을 자동으로 생성하는 템플릿을 간략하게 설명했습니다. API 등록, 크롬 확장 프로그램 설치 같은 사전 작업이 필요한 내용이기 때문에 이해하기 어려울 수 있습니다. 하지만 여기에서 설명하는 내용을 익혀둔다면 업무에 바로 활용할 수 있는 비슷한 템

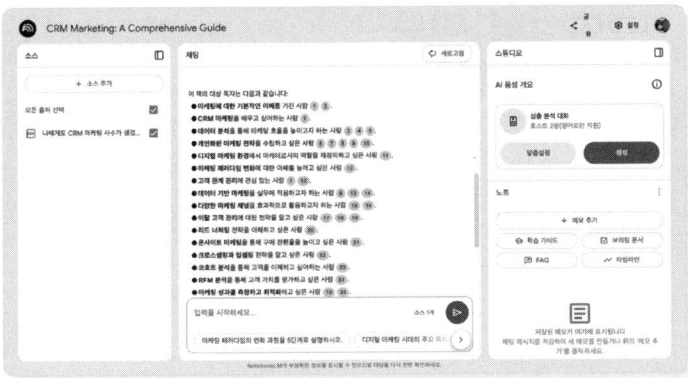

그림 3-11 NotebookLM 개별 질의 응답 화면

플릿을 쉽게 만들 수 있습니다.

자신이 해결하려는 업무가 있다면 다양한 테스트를 통해 최적의 결과를 찾는 것이 중요합니다. 이 과정에서 잘 모르거나 해결하기 어려운 내용은 ChatGPT나 Claude 같은 생성형 AI에 문의하면 만족스러운 답변을 얻을 수 있습니다. 이러한 시도와 해결 과정이 쌓이면서 여러분의 업무 능력이 점차 향상될 것입니다.

2 | 생성형 AI로 표지 시안 제작하기

생성형 AI는 다양한 이미지 생성 작업에 활용할 수 있습니다. 사용법은 매우 간단하며, 거의 무한대에 가까운 이미지 생성이 가능하기 때문에 디자이너를 고용할 여력이 없는 독립 작가와 소규모 출판사에 큰 도움이 될 수 있습니다.

위키북스에서도 새로운 시도의 일환으로 몇 권의 도서 표지 디자인에 생성형 AI를 활용해 작업을 진행했습니다. 디자인 관련 지식이 없는 기획자도 생성형 AI를 통해 다양한 이미지를 만들어보고, 이러한 과정과 결과를 표지 디자이너와 공유함으로써 저자의 의도가 반영된 표지를 더 빠르게 제작할 수 있었습니다.

그림 3-12 생성형 AI 도구를 활용해서 만든 표지

물론 AI로 제작한 이미지를 바로 표지로 쓸 수 없습니다. AI가 생성한 디자인을 최종 표지로 완성하기까지는 여전히 사람이 수정할 부분이 많습니다. 그러나 어느 정도 구체화한 디자인으로 표지 작업을 시작하는 것과, 디자이너의 직관에만 전적으로 의존하여 표지 작업을 하는 것 사이에는 작업 기간에 차이가 있습니다.

아이콘을 활용한 표지 디자인하기

다음은 위키북스에서 출간한 『딥러닝 프로젝트를 위한 허깅페이스 실전 가이드』 도서입니다. 어떠한 과정과 도구를 이용해 다음과 같은 표지가 만들어졌는지 살펴보겠습니다.

저자는 [그림 3-14] 아이콘을 형상화한 표지 디자인을 요청했습니다. 저자의 요청에 따라 먼저 ChatGPT의 DALL·E를 이용해 표

그림 3-13 『허깅페이스 실전 가이드』 표지

지 이미지 생성 작업을 진행했습니다. 아이콘 이미지를 업로드하고 다음과 같이 프롬프트를 입력하면 결과를 얻을 수 있습니다.

 업로드한 이미지를 활용해서 책 표지를 디자인하기 위한 이미지를 만들어주세요.

하지만 ChatGPT에서 생성된 이미지(그림 3-16)는 표지로 사용하기에 적절한 구성과 품질을 갖추지 못했습니다.

ChatGPT에서도 특정한 스타일의 이미지를 학습시켜 원하는 구성

그림 3-14
저자가 요청한 표지 콘셉트 아이콘

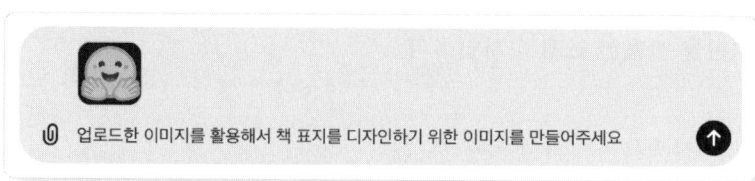

그림 3-15 ChatGPT DALL·E를 통해 이미지 요청

그림 3-16
ChatGPT DALL·E를
이용해 생성한 이미지

의 이미지를 생성하는 맞춤형 챗봇을 만들 수 있습니다. 위키북스에서도 모노폴리 스타일의 이미지를 생성하는 '위키북스 표지 만들기 봇'을 이용해 다양한 이미지를 생성(그림 3-17)한 후 챗봇의 작업 결과를 바탕으로 표지 이미지(그림 3-18)를 만들기도 했습니다.[8] 하지만 이러한

---

8 '위키북스 표지 만들기 봇'에 대해서는 『생성형 AI 업무 혁신 2』(위키북스)에서 자세히 설명합니다.

그림 3-17
위키북스 표지 만들기 봇을 이용한 디자인(위)
그림 3-18
위키북스 표지 만들기 봇을 활용한 표지(오른쪽)

챗봇을 만들기 위해서는 꽤 많은 사전 준비 작업이 필요합니다.

이번 도서의 저자가 요청한 아이콘 콘셉트를 표현하기 위해서는 다양한 콘셉트의 디자인을 비교해야 한다고 판단하여 생성형 AI 디자인 도구 중 가장 우수한 품질의 결과물을 제공하는 미드저니(https://www.midjourney.com/)를 이용했습니다.

다른 생성형 AI 도구와 마찬가지로 미드저니를 효과적으로 활용하기 위해서는 정확한 프롬프트를 입력해야 합니다. 미드저니에서 사용할 프롬프트를 작성해본 경험이 없어도 괜찮습니다. 생성형 AI에게 물어보면 됩니다.

Claude나 ChatGPT 같은 생성형 AI 도구에 원하는 디자인 콘셉트를 명확히 설명하고, 미드저니에서 사용할 수 있는 프롬프트를 작성해달라고 요청하면 됩니다. 이번 표지 작업에서는 허깅페이스 아이콘과 함께 미드저니 프롬프트를 요청했습니다(그림 3-19).(다음 작업은 Claude에서 진행했습니다.)

업로드한 이미지를 활용해서 책 표지를 만들어야 합니다. 적절한 미드저니 프롬프트를 알려주세요.

그림 3-19 Claude에서 미드저니 전용의 프롬프트 작성 요청하기

프롬프트에 대해 Claude에서는 다음과 같은 결과를 보여줬습니다.

제공해주신 이미지를 확인했습니다. 이 이모지는 양손을 들고 있는 웃는 노란 얼굴로, 매우 행복하고 따뜻한 느낌을 주는 이미지입니다. 이 이미지를 활용한 책 표지를 만들기 위한 Midjourney 프롬프트를 제안해드리겠습니다:

Book cover design featuring a stylized yellow smiley face with raised hands, emanating warmth and positivity. The background should be a soft gradient of pastel colors. Include abstract shapes or lines to suggest an uplifting, motivational theme. The title 'Embrace Joy' should be prominently displayed in a modern, sans-serif font. Maintain a clean, minimalist aesthetic with a focus on the central smiling face motif.

Claude에서 제안한 프롬프트를 그대로 미드저니에 복사해 넣고 디자인을 요청하면 더욱 다양한 이미지를 얻을 수 있습니다(그림 3-20). 만약

그림 3-20
미드저니에서 생성된 다양한 이미지(위)
그림 3-21
미드저니에서 최종 선정한 이미지(왼쪽)

프롬프트 결과물이 마음에 들지 않는다면 프롬프트를 수정하거나 같은 프롬프트를 사용하여 원하는 이미지가 나올 때까지 작업을 반복하면 됩니다. 미드저니에서 생성된 다양한 이미지 중에서 저자와 논의하여 최종 이미지를 선정했습니다(그림 3-21).

이미지를 벡터 파일로 만들기

미드저니나 ChatGPT에서 생성된 이미지는 PNG 형식이기 때문에

고해상도 표지 제작에 바로 이용하기 어렵고, 디자인 내용을 수정하는 데도 어려움이 있습니다. 이럴 때 PNG, JPG 파일 같은 픽셀 기반 이미지(레스터 이미지)를 SVG 파일 같은 벡터 형식의 이미지로 변환해주는 도구를 활용합니다. 레스터 이미지를 벡터로 변환해주는 다양한 사이트가 있는데, Free Convert 웹사이트(https://www.freeconvert.com/)는 무료이고 사용법이 간단합니다.

[그림 3-22]와 같이 변환하고자 하는 이미지를 업로드하고, 변환할 형식을 선택(❶)한 다음 Convert 버튼(❷)을 클릭하면 쉽고 빠르게 벡터 형식(SVG)의 파일로 변환됩니다.

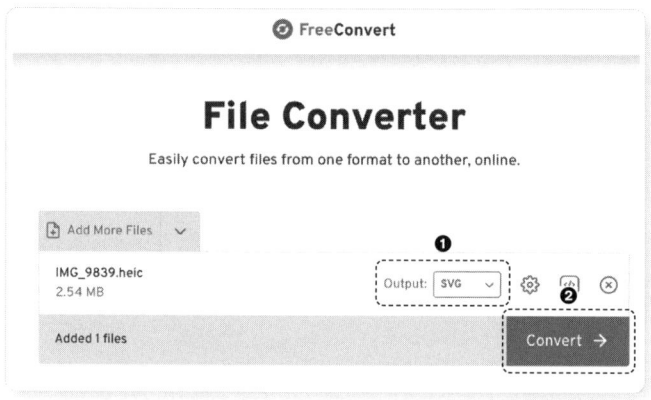

그림 3-22 비트맵 이미지를 벡터 이미지로 변환하는 Free Convert 웹사이트

변환된 이미지를 기반으로 디자이너의 작업을 거쳐 최종 표지가 완성됐습니다(그림 3-23). 만약 생성형 AI 도구를 활용하지 않고, 허깅페이스 아이콘만 디자이너에게 보내서 표지 디자인 작업을 요청했다면 최종 표지와는 다른 결과물이 나왔을 겁니다. 물론 최종 표지보다 훨씬 더 좋은 결과물이 나왔을 수도 있습니다. 하지만 저자의 의도를 정확히 반영하고 디자이너의 작업 효율성을 높였다는 점에서 생성형 AI를 활용한 접근 방식은 분명한 가치가 있습니다. 조금 더 효율적으로

그림 3-23 완성된 최종 표지

디자인 작업 프로세스를 만들려는 분이라면 지금 설명한 절차를 한번 따라 해보기를 권합니다.

참고로 미드저니로 생성한 이미지의 저작권은 사용자의 플랜과 사용 목적에 따라 구분됩니다. 무료 플랜 사용자가 생성한 이미지는 공개적으로 공유되며 비상업적 용도로만 사용할 수 있습니다. 반면 유료 플랜 사용자는 직접 프롬프트를 입력하여 생성한 이미지에 한해 상업적 사용 권한이 있습니다.

하지만 미드저니로 생성한 이미지는 저작권법의 보호를 받지 못할 가능성이 있습니다. 미국 법원은 인간의 창작 행위가 개입되지 않은 AI 생성물을 저작권 보호 대상에서 제외한다고 판결했기 때문입니다. 따라서 사용자는 이미지의 상업적 활용 권리는 가질 수 있으나, 법적인 저작권 등록은 어려울 수 있습니다.

4장 | 마케팅 프로세스 혁신

도서 서평 같은 비정형 데이터는 이제 단순한 텍스트 정보를 넘어서, 마케팅 인사이트와 독자 행동 패턴을 파악하는 귀중한 자원입니다. 예전에는 이러한 비정형 데이터 분석을 진행하기 어려웠지만, 이제 생성형 AI를 활용해 누구나 쉽게 분석할 수 있습니다. 또한 분석한 데이터는 NotebookLM이나 미드저니 같은 AI 도구를 활용해 마케팅 자료로 만들 수 있습니다.

기술이 빠르게 변하고 다양한 도구가 쏟아져 나오고 있습니다. 이러한 도구들을 효과적으로 활용하는 능력이 개인과 조직의 경쟁력에 중요한 요소가 되고 있습니다.

1 | 비정형 데이터 분석으로 마케팅 자료 작성하기

분석 대상과 범위에 따라 차이가 있겠지만, 정형 데이터 분석은 어렵지 않게 배울 수 있고, 학습 자료도 많습니다. 하지만 비정형 데이터를 분석하는 작업은 차원이 다른 일입니다. 엑셀에서 비정형 데이터를 분석하는 것은 현실적으로 어렵습니다. 파이썬 프로그램으로 가능한 작업이라고 해도, 프로그램과 데이터 분석에 능숙한 전문가가 필요합니다.

이번에는 생성형 AI를 이용해 비정형 데이터인 도서 서평을 분석하고, 분석한 데이터를 기초로 다양한 그래프와 인포그래픽을 만드는 방법을 살펴보겠습니다. 더 나아가 분석한 데이터를 활용해 마케팅을 진행하는 과정까지 통합해서 다뤄보겠습니다.

분석에 사용하는 서평 데이터는 다음과 같이 독자가 책에 대한 느낌을 자유롭게 올린 글입니다.

> ADsP 시험을 앞두고 책을 찾다가, 민트책보다 비전공자한테 친절하다는 미어캣책을 구입하게 됐고 정말 잘한 선택이라고 생각합니다. 정말 책이 친절하고 설명이 잘 되어 있습니다. 저자께서 유튜브 강의도 올려놓으셔서 도움을 많이 받았고 수험기간 동안 제일 많이 도움받은 건 이지패스 ADsP 앱이었어요. 자기 전에 누워서, 이동 중에 기출 풀며 공부하기 너무 좋았어요. 덕분에 1트 합격했습니다!

예전에는 비정형 데이터를 분석하기 위해 여러 기술을 학습해야 했지만, 이제는 프롬프트 몇 마디만으로 전문가 수준의 결과를 얻을 수 있습니다. 배경지식도 필요하지 않고, 학습하기 위해 따로 시간을 내지 않아도 됩니다. 단지 데이터와 몇 차례 시도만 해보면 충분합니다.

Data Analyst GPTs 시작하기

ChatGPT에서 데이터를 분석하는 방법이 여러 가지 있는데, OpenAI에서 만든 GPTs인 Data Analyst GPTs를 이용하는 방법이 가장 확실합니다. GPTs는 맞춤형 ChatGPT입니다. ChatGPT 유료 사용자는 누구나 일상 생활, 특정 업무, 직장 또는 가정에서 더 유용하게 사용하도록 맞춤형 버전의 ChatGPT를 만들어 다른 사람과 공유할 수 있습니다.

자신이 원하는 GPTs를 만드는 것은 유료 사용자만 가능하지만 이미 만들어진 GPTs는 무료 사용자도 사용할 수 있습니다. 이미 특정한 목적에 맞는 수많은 GPTs가 만들어져 사용 중이고, 그중 Data Analyst GPTs는 OpenAI에서 데이터 분석을 위해 직접 만든 GPTs입니다.

GPTs를 사용하기 위해 먼저 ChatGPT 웹사이트(https://chat.openai.com/)에 접속한 다음 왼쪽 메뉴에서 **GPT** 메뉴를 클릭합니다(그림 4-1).

GPT 메뉴를 클릭하면 챗봇을 검색할 수 있는 GPTs 스토어로 이동합니다(그림 4-2). 검색창(❶)에서 필요한 GPTs를 탐색하거나 주제별로 분류된 메뉴(❷)에서 GPTs를 찾아볼 수도 있습니다. 각각 주제별 링크를 클릭하면 해당 분야에서 사용자가 가장 많거나 추천하는

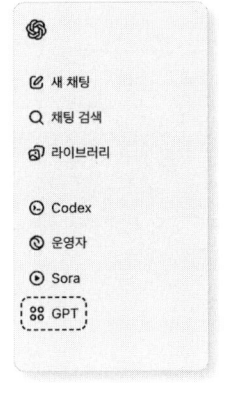

그림 4-1 GPTs 스토어 접속하기(위 왼쪽)
그림 4-2 GPTs 스토어 검색하기(위 오른쪽)

GPTs(❸)를 확인할 수 있습니다.

이번에 설명할 Data Analyst GPTs를 찾아보겠습니다. 검색창에서 **Data Analyst**로 검색하거나 하단으로 약간만 스크롤하면 나오는 ChatGPT에서 만든 GPTs 목록에서 선택해도 됩니다(그림 4-3). GPTs를 선택하면 새로운 창이 열리고 하단의 **채팅 시작** 버튼을 눌러 Data Analyst GPTs를 사용합니다(그림 4-4).

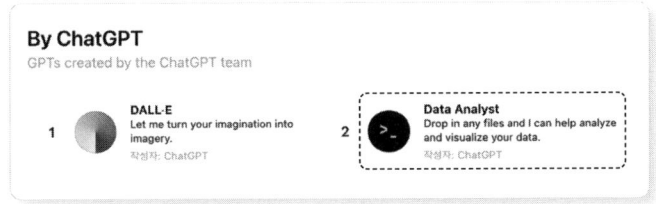

그림 4-3 ChatGPT에서 만든 GPT에서 Data Analyst GPTs 선택

95

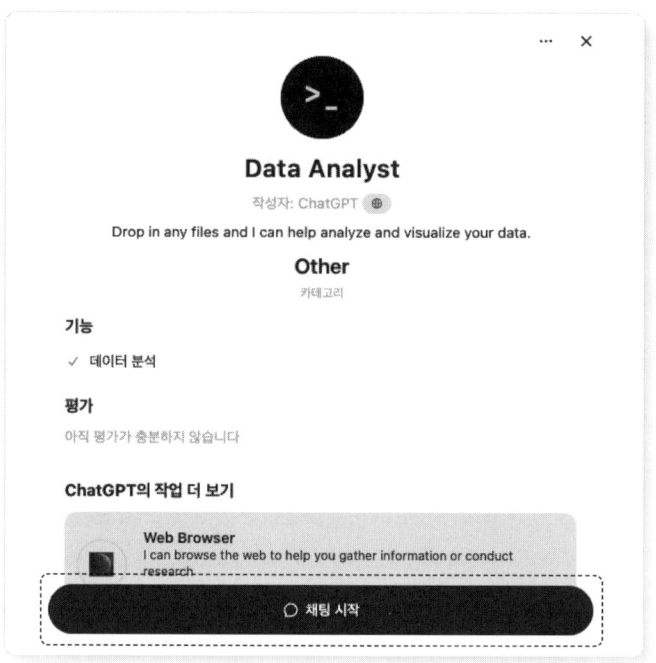

그림 **4-4** Data Analyst GPTs 채팅 시작

서평 데이터 분석하기

Data Analyst GPTs의 사용 방법은 일반 ChatGPT와 동일합니다. 다음과 같은 프롬프트를 입력하고 텍스트 파일로 정리한 위키북스 ADSP 도서 서평 데이터를 업로드하면 됩니다.[9]

> 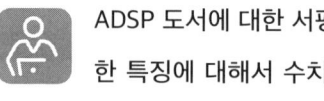 ADSP 도서에 대한 서평을 모아놓은 글입니다. 도서의 중요한 특징에 대해서 수치화해서 알려주세요. 그리고 해당 수치로 대시보드를 그려주세요.

---

9 테스트를 위한 데이터는 'https://bit.ly/ADSP서평'에서 다운받을 수 있습니다.

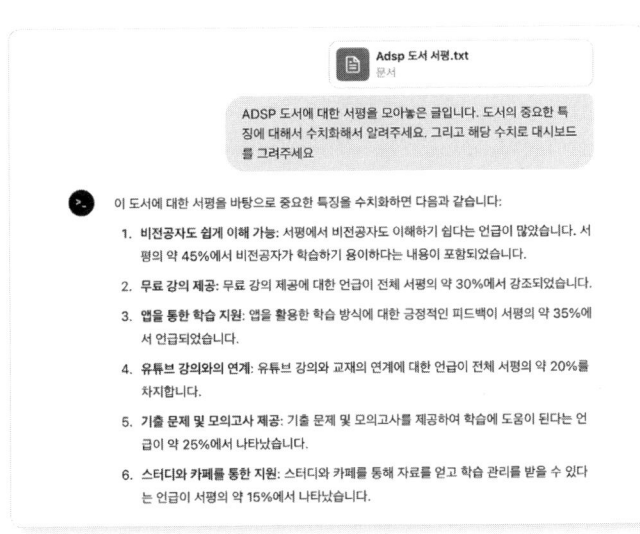

그림 4-5 Data Analyst GPTs를 이용한 서평 데이터 분석

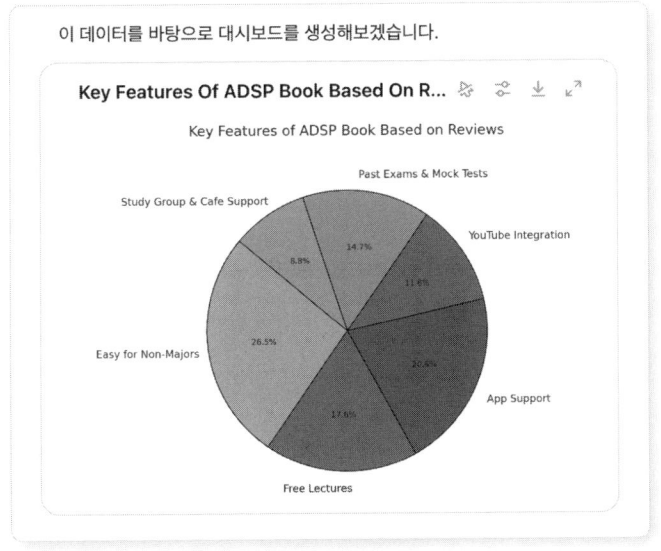

그림 4-6 Data Analyst GPTs에서 생성된 그래프

그러면 업로드한 서평 데이터를 분석해서 각 도서의 특징을 보여주고(그림 4-5), 이어서 그래프가 표시됩니다(그림 4-6).

이전에는 엄두도 내지 못하던 비정형 데이터 분석이 이제는 매우 쉽게 가능해졌습니다. 만약 결과가 의심스럽다면 다음과 같은 프롬프트를 통해 제대로 정리된 결과인지 검증하면 됩니다.[10]

 "무료 강의 제공"이 언급된 서평을 정리해서 보여줘.

그러면 어떤 서평에서 관련 내용이 언급됐는지 보여줍니다(그림 4-7). 결과를 확인하면서 ChatGPT가 정확히 분석했는지 검증하고, 잘못된 내용이 있다면 수정 사항과 함께 다시 분석을 요청합니다.

그림 4-7 특정한 조건에 따른 비정형 데이터 검색

---

10 한글로 그래프를 그리기 위해서는 57쪽에 있는 'tip' 내용을 참고하세요.

분석한 데이터로 마케팅 진행하기

다음으로 분석한 데이터를 어떻게 마케팅에 활용하는지 살펴보겠습니다. 역시 방법은 간단합니다. 다음과 같은 프롬프트를 입력하면, 다양한 마케팅 문구를 만들어줍니다(그림 4-8).

분석 결과를 기초로 마케팅 문구를 만들어주세요.

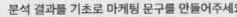
분석 결과를 기초로 마케팅 문구를 만들어주세요

ADSP 도서를 홍보하기 위한 마케팅 문구는 다음과 같이 구성할 수 있습니다:

1. "비전공자도 쉽게 이해할 수 있는 ADSP 완벽 가이드! 무료 강의와 앱 지원으로 합격을 향한 확실한 길을 제공합니다."
2. "무료 강의와 기출 문제, 앱으로 어디서나 학습 가능! 비전공자도 손쉽게 합격하는 ADSP 도서로 준비하세요."
3. "유튜브 강의와 연계된 깔끔한 설명! 무료 강의와 스터디 지원까지, 합격을 위한 최고의 선택은 ADSP 도서입니다."
4. "앱으로 모의고사, 기출 문제 풀이까지! 무료 강의와 함께 비전공자도 쉽게 합격하는 ADSP 도서를 만나보세요."
5. "초보자도 걱정 없는 상세한 설명! 무료 강의와 다양한 학습 도구를 제공하는 ADSP 도서로 합격을 준비하세요."

그림 4-8 분석 결과를 기초로 마케팅 문구 생성

마케팅 문구가 마음에 든다면, 마케팅에 사용할 이미지도 만들어보겠습니다. 우선 Data Analyst GPTs에서 다음과 같이 요청하고 위키북스의 ADSP 도서 표지를 업로드했습니다.

마케팅을 위한 적절한 이미지를 벡터 일러스트로 생성해주세요. 미어캣이 이미지에 나와야 합니다. 업로드한 이미지를 참고해서 작업을 진행해주세요.

Data Analyst GPTs는 직접 그림을 생성하는 대신, 어떻게 이미지를 생성할 수 있는지 안내해줍니다(그림 4-9).

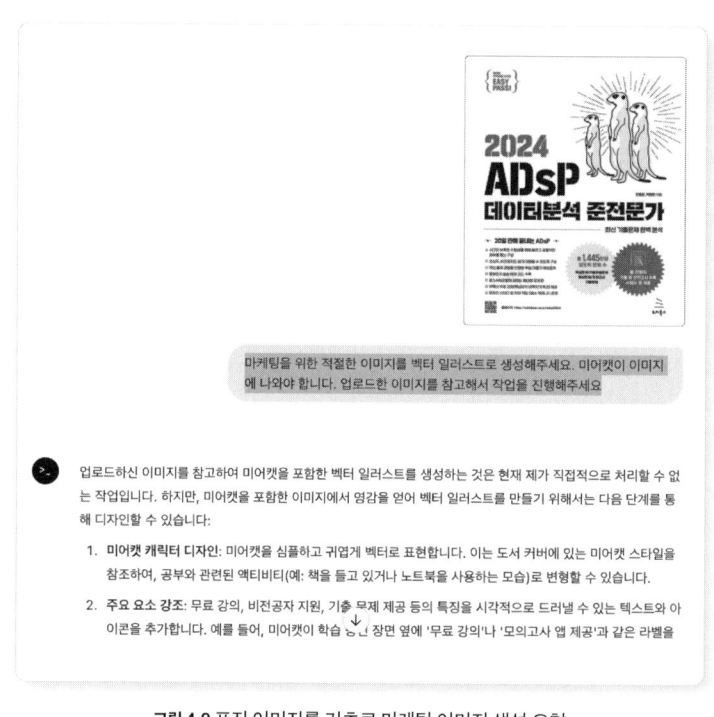

그림 4-9 표지 이미지를 기초로 마케팅 이미지 생성 요청

Data Analyst GPTs에서 안내받은 내용으로 DALL·E GPTs를 이용해 그림을 그려보겠습니다. 먼저 앞에서 설명한 GPTs 검색 방법을 참고해 DALL·E GPTs를 찾습니다. 그리고 Data Analyst GPTs에서 설명한 프롬프트와 표지 이미지를 업로드한 후에 마케팅 이미지를 요청했습니다(그림 4-10).

최종적으로는 다양한 마케팅용 이미지를 얻을 수 있습니다(그림 4-11). 책 표지와 비슷한 느낌의 이미지를 손쉽게 얻을 수 있고, 마케팅용으로도 손색이 없습니다.

아래 사항과 업로드한 이미지를 참고해서 이미지를 생성해주세요

1. 미어캣 캐릭터 디자인: 미어캣을 심플하고 귀엽게 벡터로 표현합니다. 이는 도서 커버에 있는 미어캣 스타일을 참조하여, 공부와 관련된 액티비티(예: 책을 들고 있거나 노트북을 사용하는 모습)로 변형할 수 있습니다.

2. 주요 요소 강조: 무료 강의, 비전공자 지원, 기출 문제 제공 등의 특징을 시각적으로 드러낼 수 있는 텍스트와 아이콘을 추가합니다. 예를 들어, 미어캣이 학습 중인 장면 옆에 '무료 강의'나 '모의고사 앱 제공'과 같은 라벨을 달 수 있습니다.

3. 색상과 레이아웃: 기존 도서 커버에서 사용된 밝고 깨끗한 색상 팔레트를 사용하여 일관성을 유지하면서도 시각적으로 매력적인 디자인을 만듭니다.

그림 4-10 DALL·E GPTs에서 마케팅 이미지 생성 요청

그림 4-11 DALL·E에서 생성한 마케팅 이미지

예전에는 엄두도 내지 못하던 서평 데이터를 분석해 그래프로 만들고, 마케팅에 필요한 이미지를 만드는 작업까지 진행해봤습니다. 지금까지 꼼꼼하게 살펴본 분이라면 알겠지만, 작업 과정은 매우 간단합니다. 다양한 아이디어를 시도하면서 업무를 개선하고 시간을 절약할 수 있습니다.

2 | 카드뉴스 제작 자동화

카드뉴스는 독자의 흥미를 유발하고 정보를 효과적으로 전달하는 수단으로, 도서 홍보에서 중요한 역할을 담당합니다. 특히 짧은 글과 이미지에 익숙한 MZ 세대에게 효과적으로 접근하는 방법이기에 그 중요성이 더욱 커졌습니다.

이번에는 1장에서 설명한 NotebookLM 도구를 이용해 카드뉴스 생성에 필요한 도서 특징을 추출하는 방법과 카드뉴스 제작에 필요한 몇 가지 이미지 생성 방법을 살펴보겠습니다.

NotebookLM으로 도서 특징 추출하기

NotebookLM의 가장 큰 특징은 내가 업로드한 자료를 기반으로 대답을 해준다는 점입니다. 이는 기존 AI와 달리 특정 자료에 집중하여 더 정확한 정보를 제공할 수 있습니다.

이러한 방식을 전문적으로는 RAG(Retrieval-Augmented Generation, 정보 검색 강화 생성) 시스템이라고 합니다. RAG는 기존 AI 모델의 지식과 사용자가 제공한 문서에서 검색한 정보를 결합하여 더 정확하고 맥락에 적합한 응답을 생성하는 기술입니다.

NotebookLM을 이용해 도서 특징을 추출하는 방법은 간단합니다. NotebookLM 웹사이트(https://notebooklm.google.com/)에 접속해

+ 새로 만들기 버튼을 클릭합니다(그림 4-12).

버튼 클릭 후에 다양한 데이터를 입력하는 팝업 창이 나옵니다(그림 4-13). 데이터 소스는 PDF나 txt 파일은 물론 웹이나 유튜브 링크, 구글 드라이브에 있는 문서 등 무척 다양한 형태를 입력할 수 있습니다.

그림 4-12 NotebookLM 최초 화면

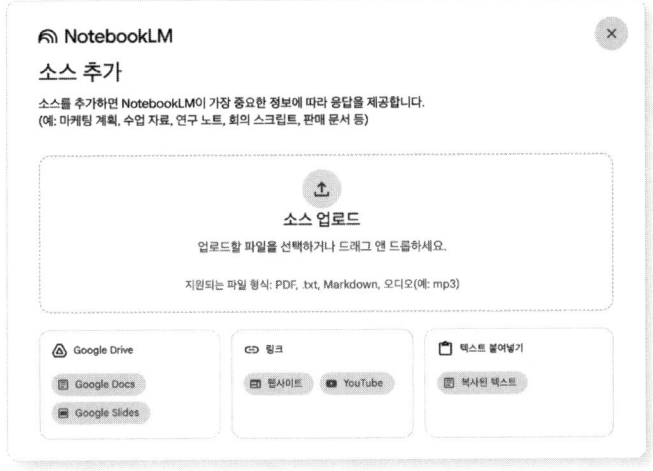

그림 4-13 NotebookLM 소스 업로드 화면

이번 예에서는 위키북스에서 출간한 다음 도서의 PDF를 업로드하겠습니다(그림 4-14). 1장에서도 언급했지만, NotebookLM에 업로드된 데이터는 외부에 공개되거나 공용 모델 학습에 사용되지 않는다고 명시되어 있습니다. 자료 유출에 대한 걱정 없이 PDF를 업로드해 사

그림 4-14 NotebookLM에 업로드할 도서

용할 수 있습니다.

[그림 4-13] 화면에서 드래그 앤드롭으로 파일을 업로드하면, 업로드한 PDF 내용을 기반으로 내용 요약과 다양한 질의 응답을 진행하는 화면이 나옵니다(그림 4-15). **출처(❶)**는 다양한 입력 소스를 추가하고, **채팅(❷)**에서는 PDF 기반으로 다양한 질의 응답을 진행합니다. **스튜디오(❸)**에서는 업로드한 PDF를 바탕으로 요약 문서, 학습 가이드 같은 자료나 팟캐스트 형식의 대화를 자동으로 생성해줍니다.

또한 PDF 기반으로 다음과 같은 질의 내용을 생성(❹)해주는 기능이 있습니다. 이 중 적절한 주제를 클릭하면 관련한 자세한 정보를 출처와 함께 제공해줍니다.

그림 4-15 NotebookLM에 PDF 업로드 후 생성되는 화면

- 이 자료들이 설명하는 생성형 AI 기술의 비즈니스 혁신 잠재력은 무엇인가?
- DALL·E, GPTs, DeepL은 비즈니스에 어떤 구체적인 활용 방안을 제공하는가?
- 생성형 AI 사용 시 윤리적, 법적 고려 사항은 무엇이고 어떻게 해결해야 하는가?

마케팅에 사용할 대상 독자에 대한 질문을 다음과 같이 입력했습니다. 질문을 입력하고 엔터를 누르면 출처와 함께 문의 사항에 대한 자세한 설명이 업로드한 PDF 기반으로 생성됩니다(그림 4-16).

이 책을 누가 읽으면 좋을지에 대해서 알려주세요.

그림 4-16 업로드한 PDF 기반으로 질의 응답 진행

NotebookLM에서 나온 질문과 답변은 카드뉴스의 콘텐츠로 바로 사용할 수 있습니다. 질문과 답변을 간략히 정리한 후, 카드뉴스 형식으로 변환하면 쉽고 빠르게 콘텐츠를 제작할 수 있습니다. 이 책에서 어떤 내용을 다루는지, 이 책의 대상 독자가 누구인지, 특정한 대상 독자가 어떤 부분을 읽어야 할지 쉽게 답변을 얻을 수 있고, 답변 내용을 기초로 카드뉴스를 만들 수 있습니다.

도서 특징을 카드뉴스 포맷으로 변경하기

NotebookLM에서 만든 다양한 도서 특징을 카드뉴스 포맷으로 변경해 보겠습니다. 방법은 간단합니다. NotebookLM에서 생성한 도서 특징을 카드뉴스 포맷에 따라 변경하도록 ChatGPT에 요청하면 됩니다.

<카드뉴스 내용>에 있는 사항을 <카드뉴스 형식>과 같은 형태로 정리해주세요.

<카드뉴스 내용>
이 책을 읽는 대상 독자
- 생성형 AI 입문자:
- 생성형 AI의 기본적인 개념과 원리를 쉽게 이해하고, 다양한 활용 사례를 통해 실제 업무에 적용하는 방법을 배울 수 있습니다 [1].
- ChatGPT, DALL·E 3, DeepL, Whisper 등 다양한 AI 도구의 사용법을 단계별로 익힐 수 있습니다.
- 복잡한 기술 지식 없이도 AI 도구를 활용하는 방법을 배울 수 있어, AI 기술에 대한 두려움을 해소하고 쉽게 접근할 수 있도록 도와줍니다 [2].

- AI 도구 활용에 관심 있는 직장인:
- 업무 효율성을 높이기 위해 AI 도구를 활용하는 방법을 배울 수 있습니다 [1, 3].
- 마케팅, 교육, 콘텐츠 제작, 고객 서비스 등 다양한 분야에서 AI 도구를 활용하는 구체적인 방법을 배울 수 있습니다.

⋮

<카드뉴스 형식>

데이터 주도 마케팅의 시대가 왔다!

[카드 1] 새로운 마케팅의 시대
🔍 디지털 시대의 도래와 함께
기업들의 마케팅 방식이 크게 변화하고 있습니다.

'더 이상 감으로 하는 마케팅은 No!'
데이터를 기반으로 한 과학적인 마케팅이
비즈니스 성공의 핵심이 되었습니다.

[카드 2] 정교해진 타게팅의 힘
💡 웹사이트 방문부터 구매까지
고객의 모든 여정이 데이터가 됩니다.

실시간으로 고객의 행동을 분석하고
개인화된 마케팅 메시지를 전달할 수 있게 되었습니다.
→ 전환율 최대 300% 향상 가능!

이러한 프롬프트를 통해 다음과 같은 결과를 얻을 수 있습니다. 프롬프트에 입력한 〈카드뉴스 형식〉과 〈카드뉴스 내용〉을 수정하면서 원하는 결과를 얻을 때까지 여러 번 시도해볼 수 있습니다. 일정 수준 원하는 결과를 얻었다면 해당 결과를 바탕으로 본격적인 카드뉴스 문구를 작성하면 됩니다.

 이 책, 이런 분들께 추천합니다!

[카드 1] 생성형 AI 입문자를 위한 첫걸음을 안내합니다!

🤖 기초부터 쉽게 시작

- 생성형 AI의 기본 개념과 원리를 알기 쉽게 이해
- ChatGPT, DALL·E 3, DeepL, Whisper 등
  주요 AI 도구를 단계별로 익히기
- 복잡한 기술 지식 없이도 AI 활용법을 쉽게 터득

⋮

[카드 8] 새로운 기술 트렌드에 관심 있는 분들을 위한 미래 전망을 전해드립니다!

🤖 AI 시대, 어떻게 대비할까?

- 생성형 AI가 의료·교육·업무 환경 등
  다양한 분야에 미치는 영향 파악
- 사회·경제적 변화 예측 & 기회 선점
- AI로 인해 달라질 미래,
  지금부터 준비하면 앞서나갈 수 있습니다!

AI와 함께하는 무한한 가능성의 시대,
이 책으로 시작해보세요!

카드뉴스에 필요한 이미지를 얻는 방법

카드뉴스 콘텐츠에 사용할 다양한 이미지를 만들어보겠습니다. 생성형 AI에는 정말로 많은 이미지 생성 도구가 있습니다. 그중에서도 Napkin.ai는 원하는 텍스트에서 바로 간단한 일러스트를 빠르게 생성할 수 있는 무료 AI 도구로, 카드뉴스나 블로그 콘텐츠 제작에 유용합니다. 사용법도 무척 간단합니다. 웹사이트(https://app.napkin.ai/)에서 텍스트를 붙여넣기 한 뒤 해당 텍스트를 선택하면 나오는 **번개 표시**를 클릭합니다(그림 4-17). 화면 왼쪽에 다양한 이미지를 선택하는 창이 나오고, 그중에서 적절한 이미지를 선택하면 됩니다(그림 4-18).

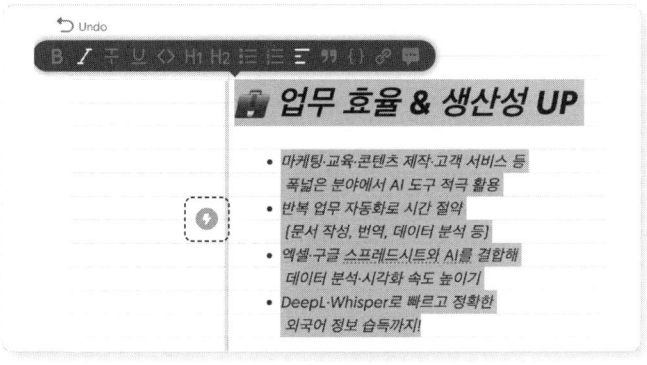

그림 4-17 Napkin.ai에서 이미지 생성 요청

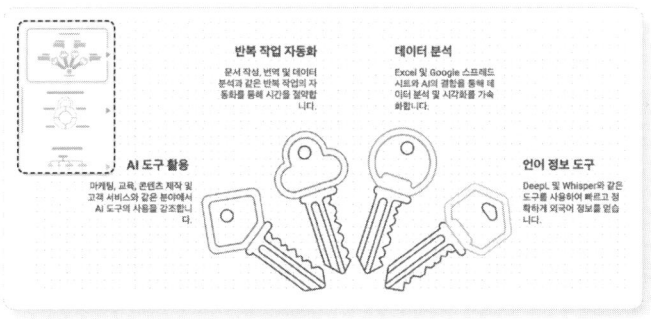

그림 4-18 Napkin.ai에서 생성한 이미지

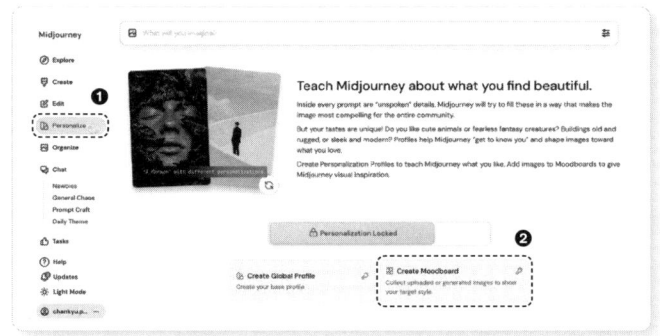

그림 4-19 무드보드 생성 메뉴

그림 4-20 위키북스 도서 표지로 스타일 생성

A student studying at a desk with a book. The desk has a laptop.
--p m7292302342773276704

그림 4-21 학습한 무드보드 스타일로 생성한 이미지

블로그나 카드뉴스에서 필요한 이미지 생성 관련해서 미드저니의 무드보드 기능도 무척 유용합니다. 무드보드 기능은 원하는 디자인 스타일을 이미지로부터 학습한 후, 이를 바탕으로 비슷한 스타일의 이미지를 쉽게 생성해줍니다. 유료 사용자만 이용할 수 있는 기능이지만, 비용을 지불할 만한 충분한 가치가 있습니다. 먼저 웹사이트(https://www.midjourney.com/)에서 **Personalize** 메뉴(❶)를 클릭한 후 **Create Moodbord** 버튼(❷)을 클릭합니다(그림 4-19).

무드보드 생성 메뉴에서는 **Upload Images** 버튼(❶)을 클릭한 후 생성하려는 스타일의 이미지를 업로드합니다. 이미지 업로드 후에 **Use in Prompt** 버튼(❷)을 클릭하면 이미지 스타일 코드(❸)가 생성됩니다(그림 4-20).

생성된 코드를 복사해서 프롬프트 제일 끝에 붙여넣기만 하면 원하는 형태의 비슷한 스타일의 이미지가 무한대로 생성됩니다(그림 4-21).

이제 기획자도 교정을 담당하는 직원도 원하는 스타일의 이미지를 얼마든지 만들 수 있습니다. 또한 디자이너는 이전보다 더욱 쉽고 빠르게 전문적인 디자인을 만들 수 있습니다. 내가 할 수 있는 일과 할 수 없는 일의 역할 구분이 사라지고, 내가 할 수 있는 일을 확실하게 더 잘할 수 있는 도구가 여러분 손에 쥐여졌다고 생각하면 됩니다.

3장(89쪽)에서 언급했듯이 미드저니로 생성한 이미지의 저작권은 사용자의 플랜과 사용 목적에 따라 구분됩니다. 무료 플랜 사용자가 생성한 이미지는 공개적으로 공유되며 비상업적 용도로만 사용할 수 있습니다. 반면 유료 플랜 사용자는 직접 프롬프트를 입력하여 생성한 이미지에 한해 상업적 사용 권한이 있습니다. 만약 여러분 내부의 이미지를 학습해 이용한다면 저작권에 대한 걱정 없이 다양한 이미지를 생성해서 활용할 수 있습니다.

5장 | 누구나 할 수 있는 출판 데이터 분석

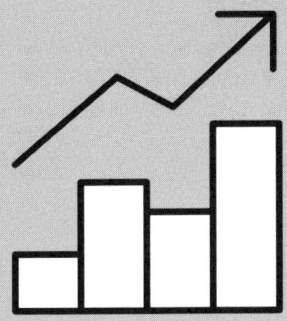

많은 사람이 글쓰기나 이미지 생성 작업에 AI를 주로 활용하는데, 데이터 분석 기능 역시 생성형 AI의 중요한 장점 중 하나입니다. 판매 데이터나 재무 데이터 등 다양한 데이터 분석이 가능해짐으로써, 객관적인 데이터에 기반한 의사결정을 할 수 있습니다. 이번 장에서는 판매 데이터와 재무 데이터 분석 예제를 다룹니다. 이러한 예제를 실제 업무에 적용하여 데이터 기반 경영의 첫걸음을 내딛기를 바랍니다.

1 판매 데이터 분석하기

위키북스는 개별 도서 판매 내역(❶)을 일자별 csv 파일(❷)로 관리하고 있습니다(그림 5-1). csv 파일은 엑셀처럼 표 형식으로 구성된 간단한 텍스트 파일로 데이터 분석에 자주 사용됩니다. 여기서는 이러한 판매 데이터를 이용해 다양하게 데이터를 분석하는 방법을 살펴보겠습니다.[11]

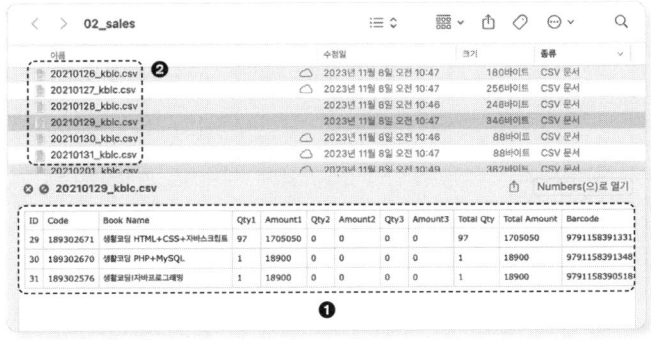

그림 5-1 일별 판매 데이터

AI를 이용해 데이터를 분석할 때 가장 중요한 원칙은 '가능한 한 작업을 분할하라'입니다. [그림 5-1]에 있는 csv 파일은 1000개 정도 됩니다. 물론 ChatGPT에는 하나의 압축된 파일로 작업을 요청합니다. 하지만 단순한 데이터 합계를 구한다고 해도 ChatGPT에서는 파일 1000개를 열어서 읽어야 하는 복잡한 작업이 필요합니다.

---

11 테스트를 위한 데이터는 'https://bit.ly/02-sales'에서 다운받을 수 있습니다.

먼저 데이터 분석을 쉽게 하기 위해, 일자별 csv 파일을 하나로 통합하는 작업부터 진행합니다. 판매 데이터가 압축된 02_sales.zip 파일을 업로드한 뒤, 프롬프트를 입력합니다(그림 5-2).

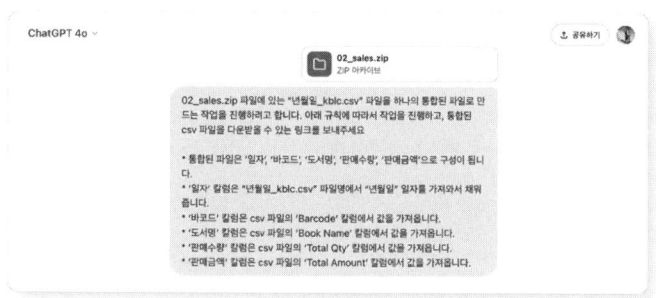

그림 5-2 일별 판매 데이터 통합 요청 프롬프트

프롬프트가 복잡해 보이지만, 통합된 csv 파일을 얻기 위해 필요한 절차가 설명돼 있습니다. 천천히 살펴보겠습니다. 프롬프트 첫 부분에 있는 다음 프롬프트는 작업 개요에 대한 설명입니다. 업로드한 파일이 어떤 파일인지, 업로드한 파일로 어떤 작업을 진행하는지, 그리고 최종적으로 어떤 결과를 얻고 싶은지 설명합니다.

> 02_sales.zip 파일에 있는 "년월일_kblc.csv" 파일을 하나의 통합된 파일로 만드는 작업을 진행하려고 합니다. 아래 규칙에 따라서 작업을 진행하고, 통합된 csv 파일을 다운받을 수 있는 링크를 보내주세요.

다음은 실제 작업 내용입니다. 일별 파일을 어떻게 하나의 파일로 통합해야 하는지 설명하는 프롬프트입니다. 먼저 통합된 파일이 어떤 컬럼으로 구성되는지 정의하고, 각각의 컬럼을 어떻게 채워넣는지 설명합니다.

- 통합된 파일은 '일자', '바코드', '도서명', '판매수량', '판매금액'으로 구성됩니다.
- '일자' 컬럼은 "년월일_kblc.csv" 파일명에서 "년월일" 일자를 가져와서 채워줍니다.
- '바코드' 컬럼은 csv 파일의 'Barcode' 컬럼에서 값을 가져옵니다.
- '도서명' 컬럼은 csv 파일의 'Book Name' 컬럼에서 값을 가져옵니다.
- '판매수량' 컬럼은 csv 파일의 'Total Qty' 컬럼에서 값을 가져옵니다.
- '판매금액' 컬럼은 csv 파일의 'Total Amount' 컬럼에서 값을 가져옵니다.

이러한 프롬프트를 실행하면, 통합된 판매 데이터(❶)를 표시해줍니다. 또 통합된 csv 파일을 다운로드할 수 있는 링크(❷)도 함께 제공합니다(그림 5-3).

그림 5-3 파일 통합 요청 프롬프트 결과

통합된 csv 파일을 다운받아서 엑셀로 분석을 진행할 수도 있지만, ChatGPT의 데이터 분석 기능을 활용하면 더 편리하게 다양한 분석을 수행할 수 있습니다. 먼저 **table 펼치기/접기** 아이콘(❶)을 클릭하면 새로운 형태의 창이 열리고 직접 프롬프트를 입력(❷)하면서 그래프를 그릴 수 있습니다(그림 5-4).

그림 5-4 데이터 분석 창을 통해서 그래프 요청

오른쪽 창에 입력된 프롬프트는 다음과 같습니다. 조회 기간을 설정하고, X축과 Y축에 들어갈 범례를 지정했습니다.

> 2023년 1월부터 10월까지의 월별 판매금액과 월별 판매수량을 하나의 막대 그래프로 표시해주세요. X축 왼쪽 범례에는 판매금액이, X축 오른쪽 범례에는 판매수량이 표시된 형태로 그래프로 그려주세요.

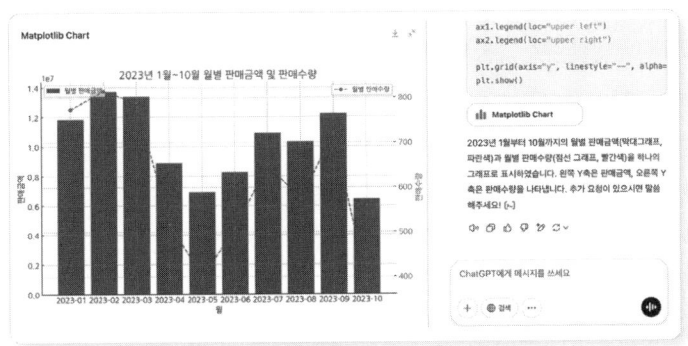

그림 5-5 ChatGPT로 생성된 그래프

이러한 프롬프트로 월별 판매금액과 판매수량이 한꺼번에 표시된 그래프를 얻을 수 있습니다(그림 5-5).

데이터를 이용해 어떤 작업을 할지 단계별로 차근차근 설명할 수만 있다면 회사에 있는 모든 데이터에 대한 분석이 가능합니다. 큰 비용을 들여 데이터 분석 시스템을 만들지 않고, 이제 재고 관리와 판매 관리에 필요한 다양한 데이터를 직접 가공하고 분석해보기 바랍니다.

2 재무 분석 챗봇 만들기

법인 회사를 운영하면 매년 결산 보고서를 받습니다. 손익계산서와 재무상태표를 파일로 받지만 매출과 이익 정도만 확인하는 경우가 대부분입니다. 그러나 매출과 이익만 확인하는 것은 회사의 재무 상태를 충분히 이해하기에 부족합니다. 비용 구조, 자산 대비 부채 비율, 현금 흐름과 같은 주요 지표도 함께 살펴봐야 합니다. 이를 통해 회사의 전반적인 재무 건전성과 지속 가능성을 더 잘 파악할 수 있습니다.

그러나 재무 보고서에는 낯선 용어가 많고, 보통 2년치 정도만 포함하여 추세를 분석하기 어려운 경우가 많습니다. 생성형 AI를 활용하면 몇 년 동안의 추세 분석도 가능하고 원하는 내용을 특정해서 분석할 수도 있습니다.

손 익 계 산 서

제 3(당)기 2019년 1월 1일부터 2019년 12월 31일까지
제 2(전)기 2018년 1월 1일부터 2018년 12월 31일까지

회사명 : 주식회사 위키아카데미 (단위 : 원)

과 목	제3(당)기		제2(전)기	
	금 액		금 액	
I. 매 출 액		[illegible]		[illegible]
제 품 매 출	[illegible]		[illegible]	
교 육 비 수 입	0		[illegible]	
II. 매 출 원 가		[illegible]		[illegible]
제 품 매 출 원 가		[illegible]		[illegible]
기 초 제 품 재 고 액	0		0	
당 기 제 품 제 조 원 가	[illegible]		[illegible]	
기 말 제 품 재 고 액	0		0	

그림 5-6 손익 계산서

이번에 구축하는 챗봇으로 여러 해의 재무 데이터를 자동으로 분석하고, 매출 추이, 비용 구조, 주요 재무 지표를 파악할 수 있습니다. 매출, 비용, 자산 및 부채 같은 중요한 재무 데이터를 간과하지 마세요. 이러한 데이터는 회사의 재무 건전성을 평가하고 성장 기회를 파악하는 데 매우 유용합니다.

챗봇을 위한 프롬프트 만들기

이번에는 챗봇을 만들기 위해 ChatGPT와 함께 가장 유명한 생성형 AI 중 하나인 Claude(https://claude.ai/)를 활용합니다. Claude는 결과를 파일로 받을 수 없고 이미지를 생성할 수 없는 등 ChatGPT에 비해 부족한 점이 많습니다. 하지만 Claude에서 챗봇을 만들 수 있는 Project 기능을 이용하면, 한글에 대한 문제 없이 그래프를 쉽게 그릴 수 있고, 생성되는 결과물도 ChatGPT보다 자연스럽다는 평가를 얻고 있습니다.

챗봇을 만들기 위한 첫 번째 단계로 챗봇에 사용할 프롬프트를 만들어보겠습니다. 프롬프트 만드는 것에 익숙하지 않고, 어떻게 시작해야 할지 모르겠다면 우선 무엇을 모르는지, 혹은 무엇을 원하는지 AI에게 물어보면 됩니다.

먼저 재무 관련 데이터로 무엇을 분석할 수 있는지 물어보면, 다음과 같은 결과를 얻을 수 있습니다.

 업로드한 재무 상태표로 분석할 수 있는 내용을 제안해주세요.

업로드된 재무 상태표 및 관련 데이터를 바탕으로 분석할 수 있는 주요 내용은 다음과 같습니다:

① 재무 건전성 분석
- 유동비율: 유동자산 대비 유동부채를 계산하여 단기적인 채무 상환 능력을 평가할 수 있습니다.
- 부채비율: 부채 대비 자본의 비율을 통해 재무 안정성을 평가할 수 있습니다.

② 수익성 분석
- 매출총이익률: 매출총이익을 매출액으로 나누어 계산하며, 회사의 기본 영업활동에서의 수익성을 평가합니다.
- 영업이익률: 영업이익을 매출액으로 나누어 영업활동의 효율성을 측정합니다.
- 순이익률: 당기순이익을 매출액으로 나누어 최종적인 수익성을 평가합니다.

③ 성장성 분석
- 매출 성장률: 연도별 매출 변화를 통해 성장 추세를 확인할 수 있습니다.
- 순이익 성장률: 당기순이익의 연도별 변화를 통해 이익 성장성을 평가할 수 있습니다.

④ 현금흐름 분석
- 영업활동 현금흐름: 영업활동으로 창출된 현금흐름을 통해 본업의 현금 창출 능력을 평가할 수 있습니다.
- 투자 및 재무활동 현금흐름: 투자 및 재무활동으로 인한 현금 흐름을 분석하여 자산 투자와 자본 조달 전략을 이해할 수 있습니다.

⑤ 자산 및 자본 구조 분석
- 자산 구성: 유동자산과 비유동자산의 비율을 통해 회사의 자산 운용 전략을 파악할 수 있습니다.
- 자본 구성: 자본금, 자본잉여금, 이익잉여금을 분석하여 자본 조달의 성격과 배분 상태를 확인할 수 있습니다.

AI가 답변한 결과를 바탕으로 챗봇에 사용할 프롬프트를 만들어보 겠습니다.

먼저 챗봇 프롬프트의 첫 단계로 페르소나를 설정합니다. 페르소나, 곧 챗봇이 수행해야 할 역할을 정확히 지정하면 그만큼 수준 높은 결 과를 얻을 수 있습니다.

1. 당신은 재무 분석 전문가입니다. 업로드한 문서를 주의 깊게 분석하고 경영 보고서를 작성해야 합니다.

다음으로 분석 대상에 대한 프롬프트를 작성합니다. 우선 앞 단계에 서 얻은 결과를 그대로 사용해서 챗봇을 만들면 됩니다. 챗봇을 만든 이후 다양한 테스트를 통해서 아래 분석 대상을 조정하면 됩니다.

2. 분석을 진행해야 할 <분석 대상>은 다음과 같습니다.

<분석 대상>
① 재무 건전성 분석
- 유동비율: 유동자산 대비 유동부채를 계산하여 단기적인 채무 상환 능력을 평가합니다.
- 부채비율: 부채 대비 자본의 비율을 통해 재무 안정성을 평가합니다.

② 수익성 분석
- 매출총이익률: 매출총이익을 매출액으로 나누어 계산하며, 회사의 기본 영업활동에서의 수익성을 평가합니다.
- 영업이익률: 영업이익을 매출액으로 나누어 영업활동의 효율성을 측정합니다.
- 순이익률: 당기순이익을 매출액으로 나누어 최종적인 수익성을 평가합니다.

③ 성장성 분석
- 매출 성장률: 연도별 매출 변화를 통해 성장 추세를 확인합니다.
- 순이익 성장률: 당기순이익의 연도별 변화를 통해 이익 성장성을 평가합니다.

④ 현금흐름 분석
- 영업활동 현금흐름: 영업활동으로 창출된 현금흐름을 통해 본업의 현금 창출 능력을 평가합니다.
- 투자 및 재무활동 현금흐름: 투자 및 재무활동으로 인한 현금흐름을 분석하여 자산 투자와 자본 조달 전략을 이해합니다.

⑤ 자산 및 자본 구조 분석
- 자산 구성: 유동자산과 비유동자산의 비율을 통해 회사의 자산 운용 전략을 파악합니다.
- 자본 구성: 자본금, 자본잉여금, 이익잉여금을 분석하여 자본 조달의 성격과 배분 상태를 확인합니다.

이제 재무 보고서 구성, 곧 결과물에 대한 프롬프트를 작성합니다. 원하는 형태의 보고서를 생각해보고, 프롬프트에 조건을 추가하면 됩니다. 처음에는 어떤 내용을 추가해야 할지 막막한 경우가 대부분입니다. 먼저 챗봇을 만들고 하나씩 테스트하면서 챗봇을 보강하면 됩니다.

3. 분석한 내용을 바탕으로 <분석 대상> 각각의 요소에 대해서 <보고서 구성> 요소를 참고해서 보고서를 작성해주세요. 보고서는 아래 <보고서 구성> 순서를 엄격히 준수하여 작성해야 합니다.

<보고서 구성>
- "분석 개요": 분석 대상에 대한 개요를 100자 이내로 설명합니다.
- "표": 분석 데이터를 기반으로 마크다운 문법을 사용해서 표를 그립니다. 연도, 데이터, 이전 연도와의 비교로 컬럼을 구성해야 하고, 데이터가 금액이라면 백만 원 단위로 표시합니다.
- "그래프": "표"에 있는 데이터를 기반으로 그래프를 그려주세요. 데이터가 금액일 경우 백만 원을 기준으로 금액을 표시합니다. X축 데이터가 적절하게 표시됐는지 다시 한번 확인해주세요.
- "분석 결과": 표와 데이터 결과를 기초로 분석 결과를 300자 이내의 블릿 형태로 설명합니다.

마지막으로 참고 사항입니다. 이 프롬프트 역시 다양한 테스트를 통해서 원하는 프롬프트를 완성해나갑니다.

4. 최종 결과를 보여줄 때 아래 <참고 사항>에 있는 내용으로 결과를 보여줘야 합니다.

> \<참고 사항\>
> - \<분석 대상\>에 있는 요소는 H2 제목으로 표시해야 합니다.
> - \<보고서 구성\>에 있는 "분석 개요", "표", "그래프", "분석 결과"는 H3 제목으로 표시해야 합니다.

이제 모든 프롬프트가 완성됐습니다. 처음 보면 복잡해 보이는 프롬프트일 수 있습니다. 하지만 챗봇을 위해 필요한 사항(페르소나, 작업 내용, 결과물, 참고 사항) 각각을 개별적으로 살펴본다면 이해하는 데 크게 어렵지 않습니다.

- 페르소나 설정: 챗봇이 수행해야 할 역할이 무엇인지 설정합니다.
- 작업 설정: 챗봇에서 작업할 내용을 정리합니다. 어떤 작업을 요청해야 할지 막막하다면, 무엇을 원하는지 챗봇과 상의하면서 정리해나갈 수 있습니다.
- 결과물 형태: 어떤 형태의 결과물을 원하는지 정리합니다.
- 참고 사항: 추가로 요청할 사항을 정리합니다.

한 번에 완벽한 프롬프트를 얻기는 어렵습니다. 계속해서 프롬프트를 수정하면서 챗봇을 만들어야 합니다. 이러한 과정에 어느 정도 익숙해지면 다양한 유형의 챗봇을 쉽게 만들 수 있습니다. 만든 프롬프트는 ChatGPT, Claude, Gemini 등 다양한 생성형 AI에서 모두 사용할 수 있습니다. 하나의 프롬프트를 다양한 AI에서 테스트하고 최적의 도구를 찾는 것도 생성형 AI를 잘 사용하기 위한 하나의 방법입니다.

챗봇 만들기

Claude는 사용자가 특정 용도에 맞게 커스터마이징한 챗봇을 Projects라 부릅니다. 이 기능은 프롬프트를 사전에 설정하여 동일한 작업을 반복할 때 매우 유용합니다. 이제 본격적으로 Claude에서 Projects 만드

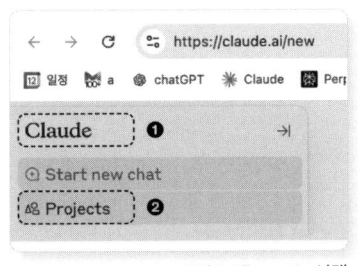

그림 5-7 Projects 선택

는 작업을 시작하겠습니다.[12] 먼저 웹사이트(https://claude.ai)에 접속한 후 나오는 화면에서 Claude 부분(❶)을 클릭하고 나타나는 메뉴에서 Projects 부분(❷)을 클릭해 Projects 관리 화면으로 이동합니다(그림 5-7).

Projects 관리 화면에서는 지금까지 만든 Projects를 선택(❶)해서 실행하거나, 검색(❷)을 통해서 필요한 Projects를 찾아 실행할 수 있습니다. 새로운 Projects를 만들기 위해 Create Project 버튼(❸)을 클릭합니다(그림 5-8).

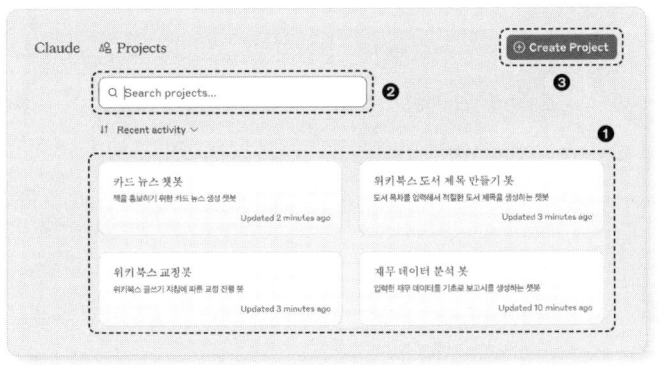

그림 5-8 Projects 메인 화면

---

12 Claude Projects는 유료 사용자만 만들 수 있습니다.

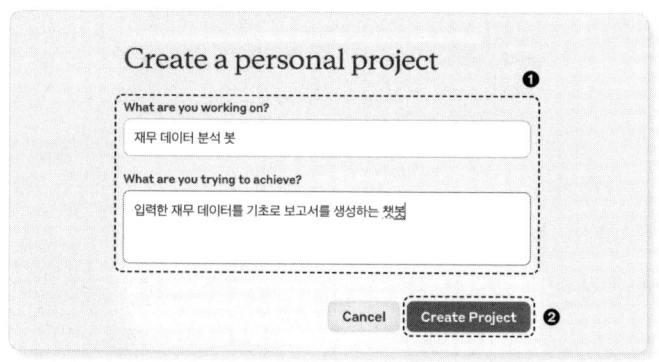

그림 5-9 Projects 메인 화면

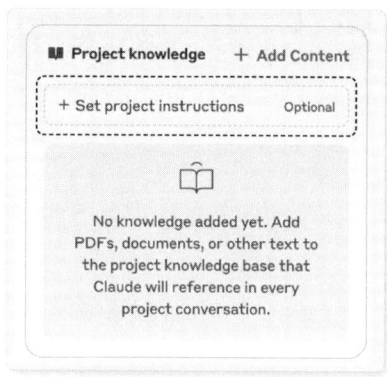

그림 5-10 Projects 메인 화면

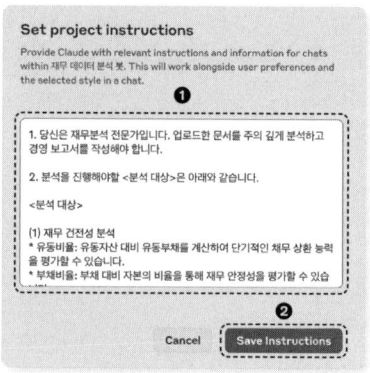

그림 5-11 Project Instructions 설정

    Projects 생성을 위한 다음 화면에서 Projects 이름과 설명(❶)을 입력하고 **Create Project** 버튼(❷)을 클릭합니다(그림 5-9).

    이어서 나오는 화면에서 **Set project instructions** 부분을 클릭합니다(그림 5-10).

    팝업 창에 앞의 '챗봇을 위한 프롬프트 만들기'에서 작성한 프롬프트(❶)를 입력하고 **Save Instructions** 버튼(❷)을 클릭하면 챗봇이 완성됩니다(그림 5-11).

챗봇 실행하기

챗봇을 사용하는 방법은 간단합니다. Claude 메인 화면(https://claude.ai/)에서 **프로젝트** 부분(❶)을 클릭한 후에 **재무**라는 키워드(❷)로 검색한 후 나오는 챗봇(❸)을 클릭해서 실행하면 됩니다(그림 5-12).

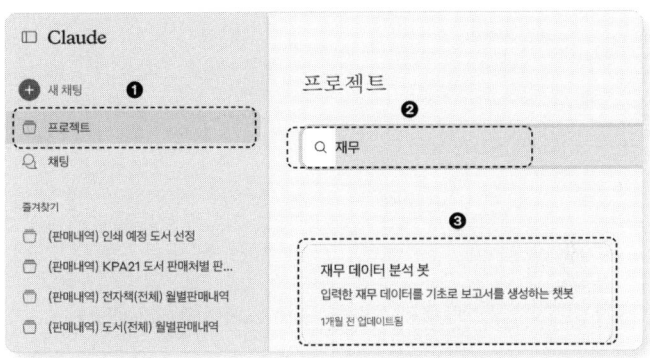

그림 5-12 Projects 활성화하기

이제 재무상태표를 업로드해서 챗봇을 테스트해보겠습니다. 입력창에 있는 + 버튼(❶)을 클릭하고 나오는 팝업창에서 **파일 업로드** 버튼(❷)을 클릭합니다. 이어서 예제파일 링크(https://bit.ly/S재무상태표)에서 다운받은 파일(❸)을 선택하고 다음과 같은 프롬프트(❹)를 입력하면 됩니다(그림 5-13).

 업로드한 파일에 있는 데이터를 분석해주세요.

프롬프트에서 지정한 그대로 결과가 잘 나오는 것을 볼 수 있습니다.[13]

---

13 Claude에서 결과가 나오다 중간에 멈추는 경우가 있습니다. 이때는 "계속 진행해주세요."라는 명령어를 입력하면 나머지 결과를 이어서 볼 수 있습니다.

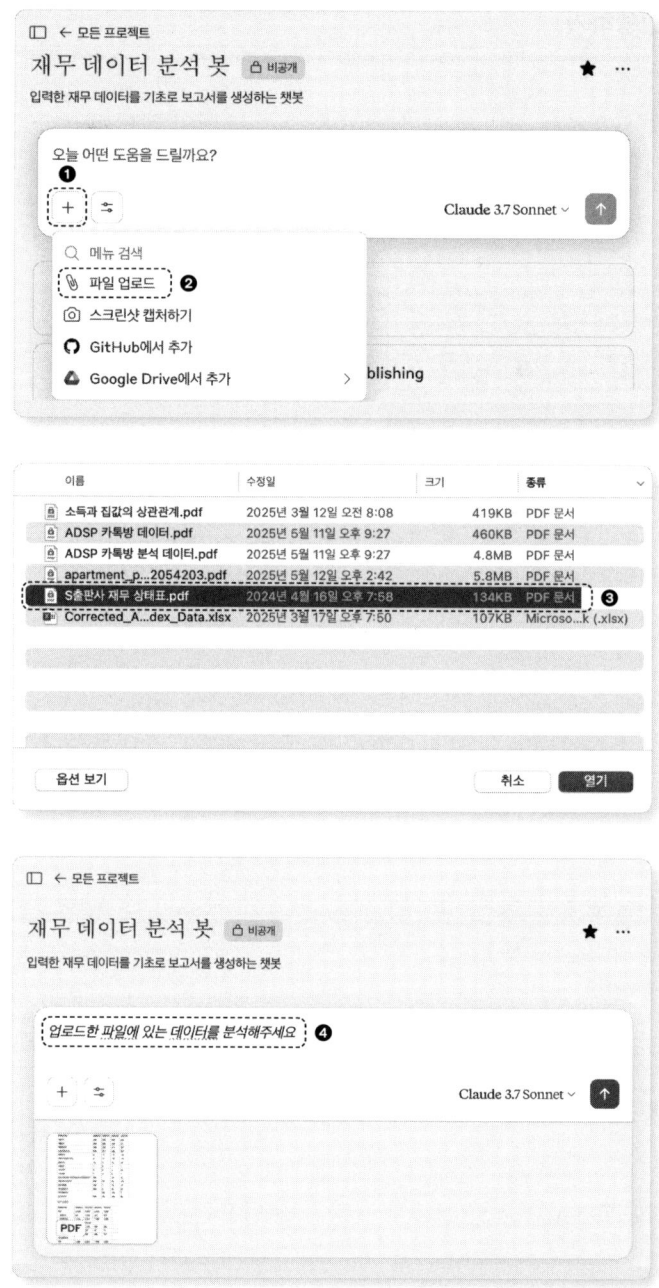

그림 5-13 Projects에서 재무 데이터 분석하기

수익성 분석 - 매출

〈분석 개요〉

S출판사의 2020년부터 2023년까지의 매출액 추이를 분석하여 기업의 영업 규모와 시장 점유율 변화를 파악합니다.

연도	매출액(억 원)	전년 대비 증감률
2020	568	-
2021	562	-1.1%
2022	449	-20.1%
2023	418	-6.9%

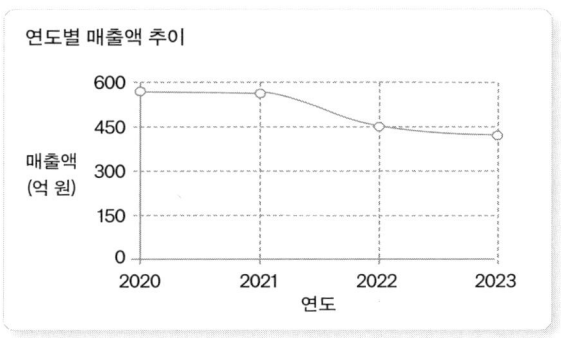

〈분석 결과〉

- 2020년 대비 2023년 매출액이 26.4% 감소하며 지속적인 하락세를 보이고 있습니다.
- 특히 2022년에는 전년 대비 20.1%의 큰 폭의 매출 감소가 있었으며, 이는 업계 전반의 침체와 관련이 있을 것으로 추정됩니다.
- 2023년에도 매출 하락세가 계속되었으나, 감소폭이 6.9%로 둔화되어 매출 안정화의 조짐이 보입니다.

2장 'GPTs(챗봇) 제작에 대한 기본 지식 설명(58~63쪽)'에서 살펴본 문장 교정 챗봇 만들기와 같은 절차를 따라 하면, Claude에서 만든 재무데이터 분석 챗봇을 ChatGPT에서도 그대로 구현할 수 있습니다. [그림 5-14]의 **지침** 부분에 5장 '챗봇을 위한 프롬프트 만들기(121~126쪽)'에서 만든 프롬프트를 입력하면 비슷하게 작동하는 ChatGPT용 GPTs를 만들 수 있습니다.

그림 5-14 ChatGPT GPTs로 재무 분석 봇 만들기

ChatGPT에서 같은 데이터를 업로드하고 데이터 분석을 요청한 결과 다음과 같이 데이터가 나옵니다.

 수익성 분석 - 매출

〈분석 개요〉
매출액의 변동 추이를 분석하여 기업의 수익성 변화 및 성장성을 평가합니다.

연도	매출액(억 원)	전년 대비 증감
2020	568	-
2021	562	-6 (-1.1%)
2022	449	-113 (-20.1%)
2023	418	-31 (-6.9%)

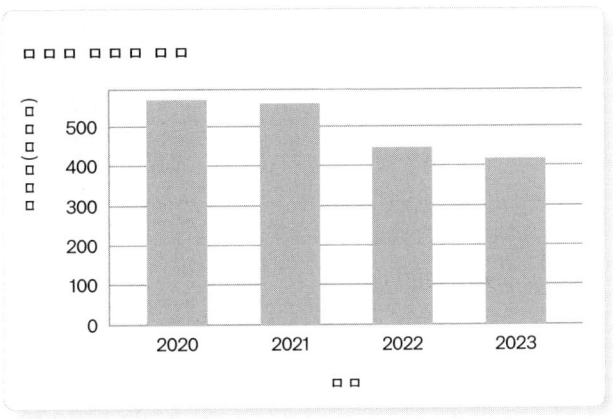

〈분석 결과〉

- 2020년 이후 매출액이 지속적으로 감소하고 있음.
- 2022년에 가장 큰 감소(-20.1%)가 발생하여 주목할 필요가 있음.
- 2023년에도 하락세가 지속되어 사업 다각화 또는 비용 절감 전략이 필요함.

다만 ChatGPT에서는 그래프 속의 한글이 제대로 표시되지 않고, 그래프가 그려지지 않을 때가 많아 일관성 있는 보고서를 작성하기 어려웠습니다. 한글 문제는 2장(57쪽)에서 설명한 파이썬 라이브러리를 설치해 해결할 수 있지만, 그래프 자체가 생성되지 않는 문제는 해결하기 어려워 업무에 사용하기는 부적합하다고 판단했습니다.

다른 도구로 재무 분석하기

2025년 4월에 발표된 Gemini 2.5를 이용하거나 Genspark.ai의 슈퍼 에이전트 기능을 이용하면 복잡한 챗봇 설정 없이 간단하게 재무 분석을 진행해줍니다.

먼저 Gemini 2.5를 이용해 재무 분석을 진행해보겠습니다. 웹사이트(https://gemini.google.com/app)에 접속해 2.5 **Pro**(preview) 모델(❶)을 선택하고, 재무제표 PDF와 프롬프트(❷)를 입력하고 **Canvas** 버튼(❸)을 선택한 후 **실행** 버튼(❹)을 클릭하면 실행됩니다(그림 5-15).

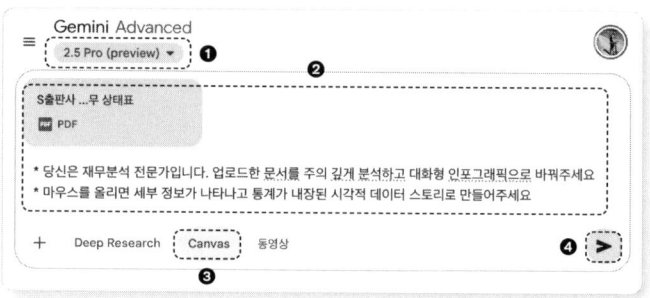

그림 5-15 구글 Gemini에서 재무 분석하기

프롬프트는 다음과 같습니다.

- 당신은 재무 분석 전문가입니다. 업로드한 문서를 주의 깊게 분석하고 대화형 인포그래픽으로 바꿔주세요.
- 마우스를 올리면 세부 정보가 나타나고 통계가 내장된 시각적 데이터 스토리로 만들어주세요.

프롬프트 결과로 인터랙티브한 형태로 작동하는 재무 분석 결과를 얻을 수 있습니다(그림 5-16).

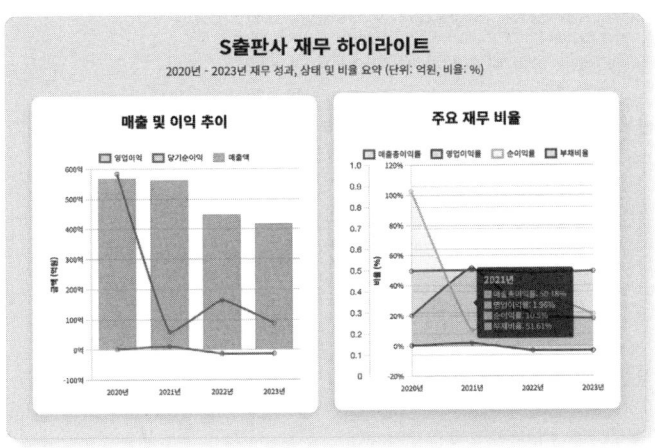

그림 5-16 구글 Gemini 재무 분석 결과

Genspark.ai를 이용한 재무 분석 역시 간단합니다. 웹사이트에 접속해 **슈퍼 에이전트** 메뉴(❶)를 선택하고 재무제표와 "재무상태표를 분석해서 경영진에게 보고할 보고서를 작성해주세요"라는 프롬프트(❷)를 입력한 후 **실행** 버튼(❸)을 클릭하면 됩니다(그림 5-17).[14]

그림 5-17 Genspark.ai에서 재무 분석하기

10분~15분이 지난 뒤에 놀라운 수준의 보고서를 얻을 수 있습니다(그림 5-18).(이 보고서는 총 6페이지로 구성됐습니다.)

---

14 분석 결과 확인 https://snvhbman.gensparkspace.com/

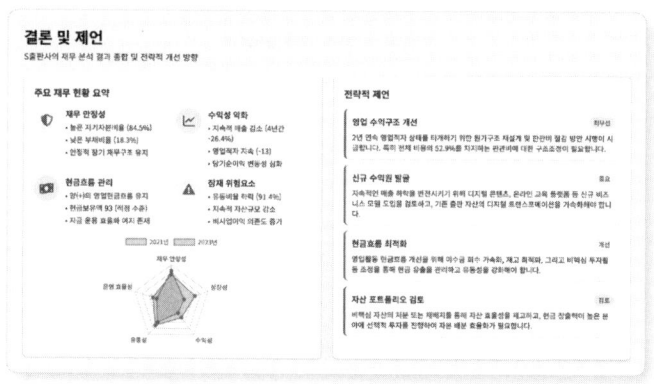

그림 5-18 Genspark.ai 재무 분석 결과

　Claude 챗봇을 이용한 방법, Gemini를 이용한 방법, Genspark.ai 에서 진행하는 방법 모두 각각 장단점이 있습니다. Claude 챗봇은 항상 일관된 형태의 보고서를 얻을 수 있고, Gemini는 무료로 인터랙티브하게 작동하는 보고서를 얻을 수 있으며, Genspark.ai는 다른 AI보다 비용이 더 들기는 하지만 잘 정리된 보고서를 얻을 수 있습니다.

　만약에 재무 데이터를 이용해 보고서를 작성하는 업무를 수행하고 있다면 다양하게 테스트해보고 자신에게 적합한 도구를 활용하기 바랍니다.

부록 A | Claude for Sheets 설치

Claude for Sheets는 Anthropic이 개발한 생성형 AI 서비스인 Claude를 구글 스프레드시트에서 바로 사용할 수 있도록 만든 확장 기능입니다. 이 확장 기능을 통해 사용자는 긴 글을 간결하게 요약하거나 원하는 스타일로 문장을 재구성할 수 있으며, 다양한 언어 간 번역을 빠르고 정확하게 할 수 있습니다. 또한 데이터에서 필요한 정보만 뽑아내거나 특정 기준에 따라 데이터를 자동으로 분류할 수 있습니다.

부록 A에서는 Claude for Sheets를 사용하기 위해 API 키를 받는 방법과 구글 스프레드시트에서 사용하기 위해 확장 프로그램을 설치하는 방법을 살펴보겠습니다.

1 | Anthropic 계정 등록하기

Claude의 API 키를 발급받으려면 먼저 Claude 서비스를 제공하는 Anthropic에 회원가입을 하기 위해 웹사이트(https://console.anthropic.com/dashboard)에 접속합니다. 구글 계정이 있다면 Continue with Google(❶)을 클릭하고, 구글 계정이 없다면 이메일 주소(❷)를 입력합니다(그림 A-1).

구글 계정 또는 입력한 이메일 주소로 인증 메일이 도착하면, Sign in to Anthropic Console 버튼을 클릭합니다(그림 A-2).

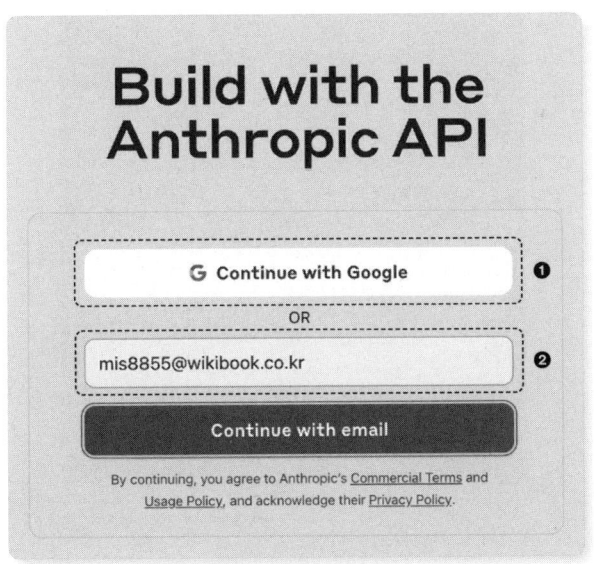

그림 A-1 구글 계정을 클릭하거나 이메일 주소 입력

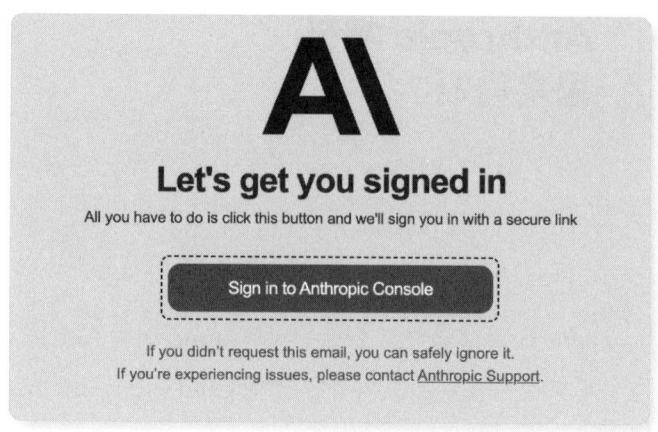

그림 A-2 Anthropic Console 로그인 버튼 클릭

다음에 나오는 화면에서 필요한 정보를 입력하고 Create Account 버튼을 클릭해서 회원가입을 진행합니다(그림 A-3).

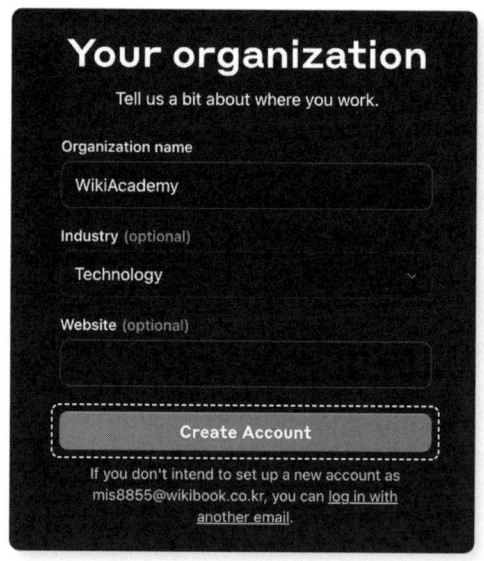

그림 A-3 계정 등록 정보 입력

2 | Claude API 등록하기

구글 스프레드시트에서 Claude for Sheets를 사용하려면 API 키가 필요합니다. API 키를 얻는 과정이 처음에는 복잡해 보일 수 있지만, 다음 과정을 천천히 따라 하면 쉽게 완료할 수 있습니다.

계정 등록 후 나오는 다음 화면에서 Get API Keys를 클릭합니다(그림 A-4). API 키를 생성하기 위해 나오는 다음 화면에서 + Create Key 버튼을 클릭합니다(그림 A-5). API 이름('TEST')을 입력(❶)하고 Workspace ('Default')를 선택(❷)한 후에 Create Key를 클릭(❸)합니다(그림 A-6). [그림 A-7]과 같이 API 키가 생성되고, 생성된 키를 복사해서 사용하면 됩니다.

> **tip** API(Application Programming Interface)
> 당신이 큰 도서관에 있다고 상상해보세요. 이 도서관에는 수많은 책이 있지만, 당신은 특정 정보가 필요합니다. 그런데 도서관 규칙상 당신은 직접 책장에 가서 책을 찾을 수 없습니다. 여기서 API는 도서관 사서 역할을 합니다. 당신(프로그램 A)이 사서(API)에게 가서 "1900년대 초반의 미국 경제에 대한 정보가 필요해요"라고 말합니다. 사서는 이 요청을 이해하고, 적절한 책장(데이터베이스)으로 가서 관련 책(데이터)을 찾아 당신에게 가져다줍니다. 사서는 당신이 요청한 정보만 정확하게 제공하며, 다른 이용자들의 정보는 안전하게 보호합니다. 또한 사서는 여러 사람의 요청을 동시에 처리할 수 있으며, 모든 이용자에게 일관된 서비스를 제공합니다. 이처럼 API는 프로그램 간의 효율적이고 안전한 정보 교환을 가능하게 하는 '디지털 사서' 같은 역할을 합니다.

그림 A-4 Get API Keys 클릭

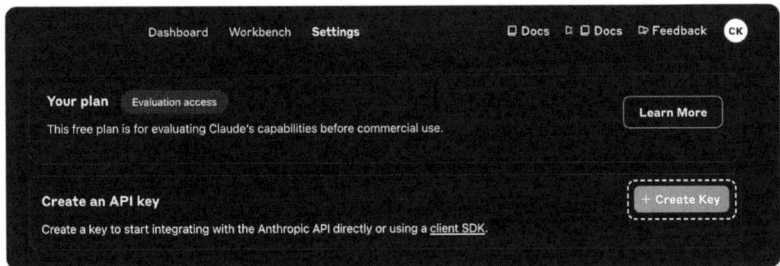

그림 A-5 키 생성 버튼 클릭

그림 A-6
API 이름과 워크스페이스 선택 후 키 생성 버튼 클릭

그림 A-7
생성된 API 키

3 | Claude for Sheets 설치하기

API 키를 얻었다면 이제 Claude for Sheets를 설치해보겠습니다. 절차는 무척 간단합니다. 웹사이트(https://bit.ly/claude_for_sheets)에 접속해 **설치** 버튼을 클릭합니다(그림 A-8).[15] 계정을 선택한 뒤 설치를 진행합니다(그림 A-9).

그림 A-8
Claude for Sheets™ 설치

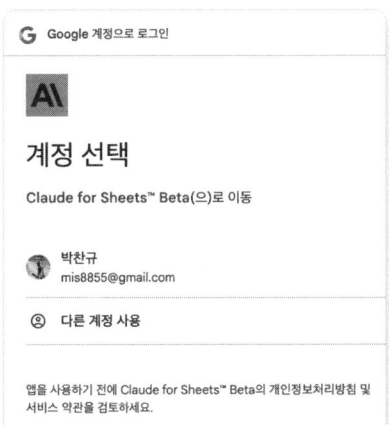

그림 A-9
Claude for Sheets™를 사용하기 위한 구글 계정 선택

---

15 구글 워크스페이스 마켓 스토어(https://workspace.google.com/marketplace)에서 'claude for sheets'로 검색해서 설치해도 됩니다.

그림 A-10 Claude for Sheets 메뉴 확인

설치가 완료된 후에 구글 스프레드시트 프로그램을 실행하면 **확장 프로그램** 메뉴에 Claude for Sheets 메뉴가 생긴 것을 확인할 수 있습니다(그림 A-10).

Claude for Sheets 메뉴 클릭 후 Open sidebar를 클릭하면 오른쪽에 [그림 A-11]과 같은 화면이 나옵니다. 왼쪽 위의 **메뉴** 아이콘(≡)(❶)을 클릭해서 나오는 다음 화면에서 Anthropic API key 부분(❷)에 앞서 생성한 키 값을 입력하면 구글 스프레드시트에서 Claude를 사용할 수 있습니다.

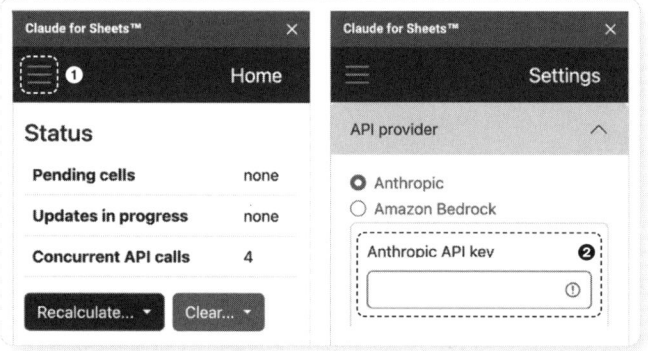

그림 A-11 Anthropic Console 인증 키 입력

4 | Claude for Sheets 간단한 사용법

Claude for Sheets는 구글 스프레드시트에서 =claude()라는 함수를 통해 간단하게 사용할 수 있습니다. 예를 들어 [그림 A-12]와 같이 A1 컬럼에 있는 영어 문장을 번역한다고 가정해보겠습니다.

    Claude 함수는 =claude(참조할 셀 & "요청할 내용")과 같은 구조로 사용합니다. 곧 A1 셀의 내용과 "문장을 번역해주세요"가 합쳐져 Claude에 전달되고(그림 A-12), 실행 결과를 보여줍니다(그림 A-13).

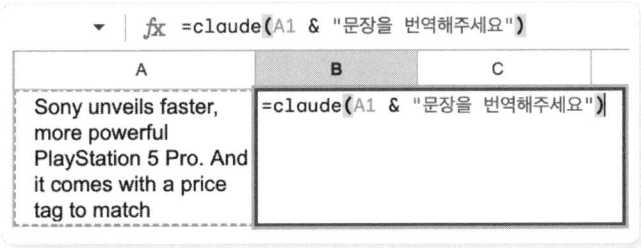

그림 A-12 claude() 함수 사용법

그림 A-13 claude() 함수 실행 결과

부록 B | 인세 메일 자동 발송 시트 만들기

파이썬 같은 프로그래밍 언어를 배우고 자신이 원하는 프로그램을 만들기까지는 시간이 오래 걸리며, 대부분의 사람은 중간에 포기합니다. 하지만 생성형 AI를 이용하면 원하는 기능을 구현하는 프로그램을 비교적 쉽게 만들 수 있습니다.

부록 B에서는 생성형 AI 도구를 이용해 인세 지급 메일을 자동으로 발송하는 구글 스프레드시트를 만들어보겠습니다. 부록 B는 총 세 부분으로 구성됐습니다. 먼저 인세 메일 자동 발송 시트의 구성을 살펴보고, 이어서 시트 실행 방법을 알아봅니다. 마지막으로 이 시트를 만드는 과정을 소개합니다. 참고로, 시트를 실행하려면 프로그램 권한 등을 다시 설정해야 합니다.

1 인세 메일 자동 발송 시트 소개

인터넷 입력창에 주소(https://bit.ly/royalty-mail)를 입력하면 **mail-temp**와 **royalty**라는 2개 시트로 구성된 '인세 메일 자동 발송' 문서를 볼 수 있습니다(그림 B-1).

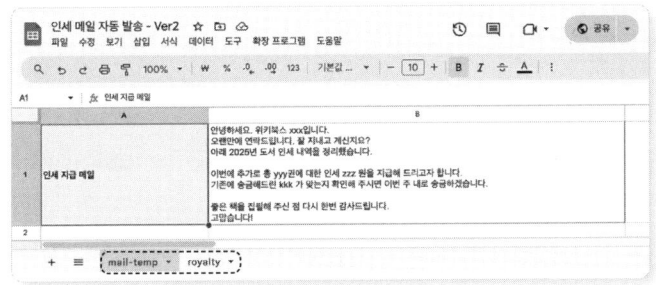

그림 B-1 인세 메일 자동 발송 시트 구성

mail-temp 시트는 저자에게 발송하는 메일 포맷을 정리한 시트로 다음과 같은 내용으로 구성되어 있습니다. 메일 내용 중 xxx, yyy, zzz, kkk는 royalty 시트의 값으로 채워지는 임시값입니다.

> 안녕하세요. 위키북스 xxx입니다.
> 오랜만에 연락드립니다. 잘 지내고 계신지요?
> 아래 2025년 도서 인세 내역을 정리했습니다.
> 이번에 추가로 총 yyy권에 대한 인세 zzz원을 지급해드리고자 합니다.

149

기존에 송금해드린 kkk가 맞는지 확인해주시면 이번 주 내로 송금하겠습니다.

좋은 책을 집필해주신 점 다시 한 번 감사드립니다.
고맙습니다!

다음으로 royalty 시트는 인세 지급을 위한 기본 정보가 저장된 컬럼 부분(그림 B-2)과 메일 발송을 위한 정보가 저장된 컬럼 부분(그림 B-3)으로 구성되었습니다.

A	B	C	D	E	F	G	H	I	J	K	L	M	N
바코드	도서제목	정가	저자	인세계좌	정품재고	인쇄부수	판매부수	기지급인세	미지급인세	추가인세	인세금액	실지급액	담당자
9791158392222	AI 인물사전	30000	홍길동	농협 302-1111-22222-33	656	4000	3344	3000	344	500	1500000	1450500	박찬규

그림 B-2 인세 기본 정보

O	P	Q	R	S	T	U
받는사람	보내는사람	제목	본문	첨부URL	발송여부	메일상태
mis8855@gmail.com	mis8855@gmail.c	홍길동 님 안녕하세요	안녕하세요. 위키북스 박찬규입니다. 오랜만에 연락드립니다. 잘 지내고 계신지요? 아래 2025년 도서 인세 내역을 정리했습니다. 이번에 추가로 총 500권에 대한 인세 1450500 원을 지급해 드리고자 합니다. 기존에 송금해드린 농협 302-1111-22222-33 가 맞는지 확인해 주시면 이번 주 내로 송금하겠습니다. 좋은 책을 집필해 주신 점 다시 한번 감사드립니다. 고맙습니다!	https://bit.ly/3EQ9OtZ	☐	발송 성공: 5/3/2025

그림 B-3 메일 발송 정보

인세 기본 정보

- 판매부수 = 인쇄부수-정품재고
- 추가인세 = 기지급인세-미지급인세
- 인세금액 = 추가인세×정가×0.1
- 실지급액 = 인세금액에서 3.3% 공제한 금액

메일 발송 정보

- **받는사람**: 저자 메일 주소
- **보내는사람**: 발송자 메일 주소(지메일만 가능)
- **제목**: 메일 제목
- **본문**: 메일 본문
- **첨부URL**: 상세 인세 지급 정보 등이 저장된 URL 주소
- **발송여부**: 박스 체크 시 메일 발송
- **메일상태**: 메일 발송 정상 처리 여부

메일 발송 정보 중 **제목**과 **본문**은 다른 컬럼 값을 기초로 만들어집니다. 제목이 있는 Q2 컬럼을 클릭하면 다음과 같은 함수가 저장돼 있습니다.

```
=SUBSTITUTE("xxx 님 안녕하세요. 2025년 상반기 인세 정산 내역 관련해서 메일 드립니다.", "xxx", $D2)
```

SUBSTITUTE 함수는 다음과 같은 매개변수를 활용해 특정한 문자열을 바꿔줍니다.

1. 첫 번째 매개변수: 원본 텍스트 문자열 ("xxx 님 안녕하세요. 2025년 상반기 인세 정산 내역 관련해서 메일 드립니다.")
2. 두 번째 매개변수: 찾아서 바꿀 텍스트 ("xxx")
3. 세 번째 매개변수: 대체할 새로운 텍스트 ($D2 셀의 값)

곧, 이 함수는 원본 문자열에서 "xxx"라는 텍스트를 찾아 스프레드시트의 D2 셀에 있는 값으로 바꿔줍니다. D2 셀에 '홍길동'이라는 이

름이 있다면, 결과는 "홍길동 님 안녕하세요. 2025년 상반기 인세 정산 내역 관련해서 메일 드립니다."가 됩니다.

다음으로 메일 본문이 저장된 R2 컬럼을 클릭하면 다음과 같은 함수가 저장되어 있습니다.

```
=LET(
 template, 'mail-temp'!$B$1,
 step1, SUBSTITUTE(template, "xxx", $N2),
 step2, SUBSTITUTE(step1, "yyy", $K2),
 step3, SUBSTITUTE(step2, "zzz", $M2),
 SUBSTITUTE(step3, "kkk", $E2)
)
```

LET 함수는 구글 스프레드시트 내에서 임시 변수를 만들어 복잡한 계산을 여러 단계로 나누어 수행할 수 있게 해줍니다. 앞에서 설명한 제목 컬럼에서는 치환할 값이 저자 이름 하나였지만 여기서는 4가지 값을 치환해야 해서 LET 함수를 이용해 구성했습니다.

- **template**: 'mail-temp' 시트의 B1 셀에 있는 이메일 템플릿 문자열을 가져옵니다.
- **step1**: 템플릿에서 "xxx"를 현재 시트의 N2 셀 값(담당자)으로 치환합니다.
- **step2**: step1의 결과에서 "yyy"를 K2 셀 값(추가인세)으로 치환합니다.
- **step3**: step2의 결과에서 "zzz"를 M2 셀 값(실지급액)으로 치환합니다.

- 마지막 단계: step3의 결과에서 "kkk"를 E2 셀 값(인세계좌)으로 치환합니다.

이와 같이 mail-temp 시트에 있는 메일 기본 템플릿과 royalty 시트에 있는 값을 이용해 메일 본문을 완성합니다.

2 | 인세 메일 자동 발송 시트 사용 방법 소개

앞에서 만든 메일을 클릭 한 번으로 자동 발송하는 방법을 살펴보겠습니다. 시트(https://bit.ly/royalty-mail)로 이동한 후에 **파일(❶)** → **사본 만들기** 메뉴(❷)를 클릭합니다. 이어서 나오는 팝업창에서 문서 제목을 수정(❸)하고 **사본 만들기** 버튼(❹)을 클릭하면 문서 사본이 만들어집니다(그림 B-4).

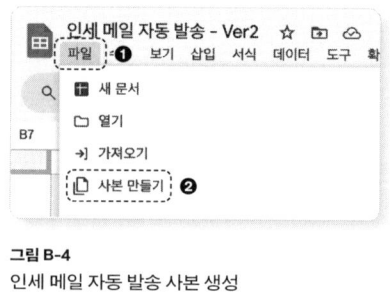
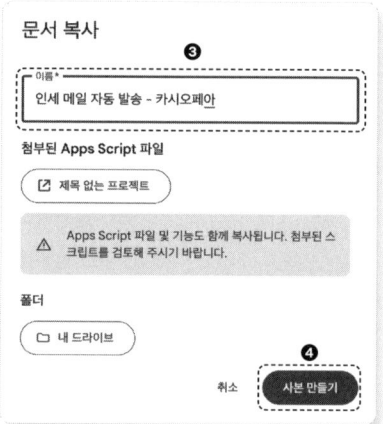

그림 B-4
인세 메일 자동 발송 사본 생성

문서 사본을 만들었다면 해당 사본의 메일 자동 발송 프로그램을 활성화해야 합니다. 먼저 **확장 프로그램(❶)** → **Apps Script(❷)**를 클릭합니다(그림 B-5).

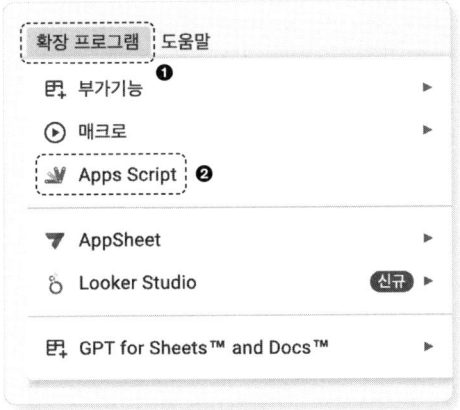

그림 B-5 프로그램 활성화를 위해서 Apps Script 메뉴로 이동

다음과 같이 코드 화면에서 **실행** 메뉴를 클릭합니다(그림 B-6). 이어서 나오는 화면을 순차적으로 따라 하면서 메일 발송을 위한 설정을 진행합니다(그림 B-7).

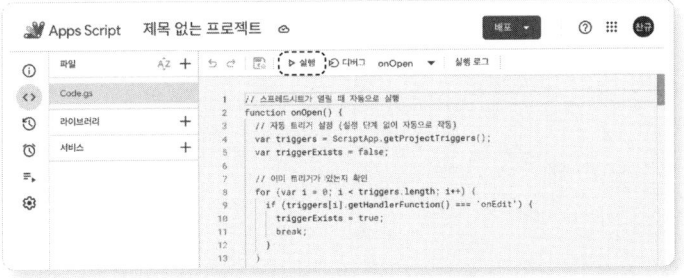

그림 B-6 권한 활성화를 위해서 실행 메뉴 클릭

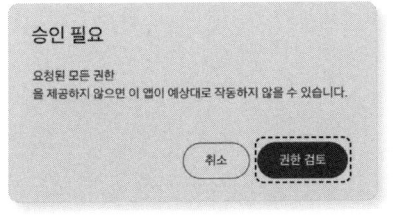

그림 B-7 권한 활성화를 위해서 메일 계정 선택

추가로 검증되지 않은 프로그램 사용에 대한 경고 화면이 나오면 고급 버튼을 클릭 후 **제목 없는 프로젝트로 이동(안전하지 않음)** 버튼을 클릭합니다(그림 B-8).

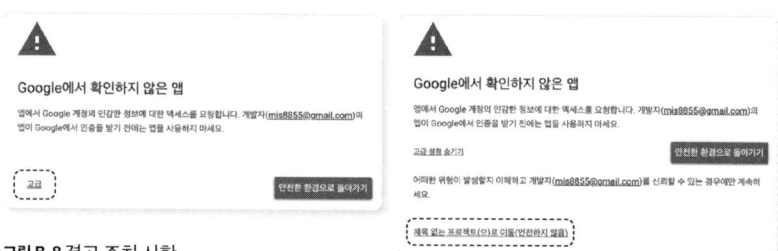

그림 B-8 경고 조치 사항

마지막으로 나오는 팝업창에서 모든 권한을 선택(❶)하고 **계속** 버튼(❷)을 누르면 설정이 마무리됩니다(그림 B-9). [그림 B-10]과 같은 화면이 나오면 권한 설정이 정상적으로 마무리된 상태입니다.

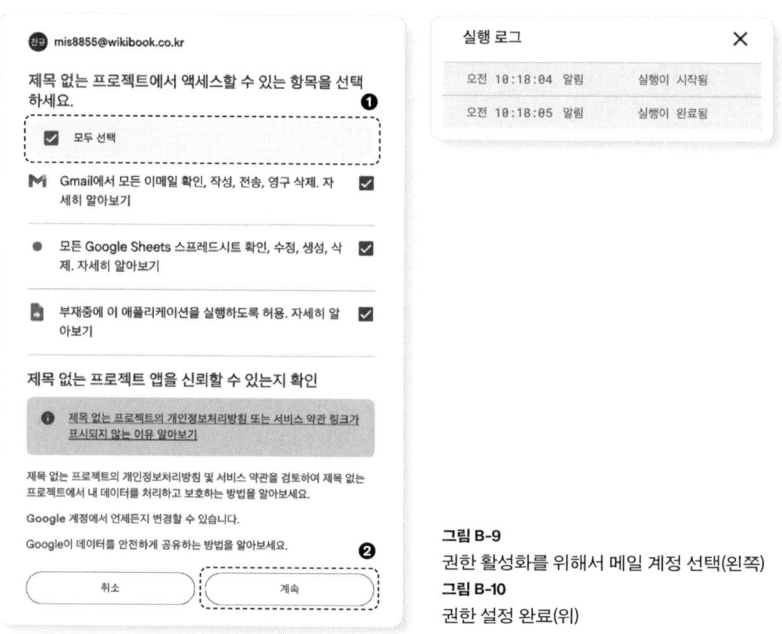

그림 B-9
권한 활성화를 위해서 메일 계정 선택(왼쪽)
그림 B-10
권한 설정 완료(위)

이제 royalty 시트로 돌아가서 자신의 지메일 주소를 입력(❶)하고 발송 버튼(❷)을 클릭하면 메일을 발송할 수 있습니다(그림 B-11).

P	Q	R	S	T
보내는사람	제목	본문	첨부URL	발송여부
mis8855@wikibook.co.kr (❶)	홍길동 님 안녕하세요	안녕하세요. 위키북스 박찬규입니다. 오랜만에 연락드립니다. 잘 지내고 계신지요? 아래 2025년 도서 인세 내역을 정리했습니다. 이번에 추가로 총 500권에 대한 인세 1450500 원을 지급해 드리고자 합니다. 기존에 송금해드린 농협 302-1111-22222-33 가 맞는지 확인해 주시면 이번 주 내로 송금하겠습니다. 좋은 책을 집필해 주신 점 다시 한번 감사드립니다. 고맙습니다!	https://bit.ly/3EQ9OtZ	❷ □

그림 B-11 프로그램 실행

3 | 인세 메일 자동 발송 프로그램 만들기

지금까지 인세 메일을 자동으로 발송하기 위한 구글 스프레드시트의 구성과 사용법을 살펴봤습니다. 프로그래밍 작업과 단계별 설정은 다소 복잡합니다. 프로그래밍 경험이 전혀 없는 저자가 어떠한 과정을 거쳐 이 프로그램을 만들었는지 간단하게 살펴보겠습니다.

먼저 인세 메일을 자동으로 발송하기 위해 필요 사항을 정리한 후 해당 내용을 캡처했습니다. 그리고 캡처한 이미지와 함께 다음과 같은 프롬프트로 Claude에 작업을 요청했습니다.

> 업로드한 이미지와 같은 구성의 메일 자동 발송 시스템을 구글 스프레드시트에서 구현하려고 합니다. 아래 각 컬럼 설명을 참고해서 자동 메일 발송을 위한 시스템을 구축하는 세부적인 방법을 알려주세요. 시트 이름은 'mail-send'이고 초보자도 이해할 수 있게 모든 단계가 친절하게 설명해야 합니다.
>
>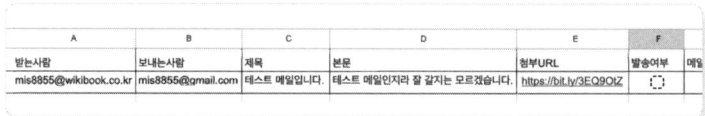

- 받는사람: 메일 받는사람입니다.
- 보내는사람: 메일 보내는사람입니다.
- 제목: 메일 제목입니다.
- 본문: 메일 본문입니다.

- 첨부URL: 메일 하단에 첨부되는 URL 주소입니다.
- 발송여부: 박스에 체크하면 메일이 발송됩니다.
- 메일상태: 메일 발송이 제대로 됐는지 결과를 보여줍니다.

요청한 프롬프트에 대한 응답으로 실행 가능한 코드를 포함해 다음과 같은 결괏값을 얻었습니다. 다음 절차를 따라 하면서 몇 번 수정을 거쳐 인세 메일 자동 발송 시스템을 만들었습니다.

 Google 스프레드시트 체크박스 자동 메일 발송 시스템 만들기[16]

체크박스 체크만으로 즉시 메일이 발송되는 간소화된 시스템을 만들어 보겠습니다. 트리거 설정 단계 없이 작동하도록 수정했습니다.

1. 스프레드시트 준비하기

① 'mail-send'라는 이름의 시트를 생성합니다.

② 이미지에 표시된 대로 다음 열을 설정합니다:

    A열: 받는사람

    B열: 보내는사람

    C열: 제목

    D열: 본문

    E열: 첨부URL

    F열: 발송여부 (체크박스)

    G열: 메일상태

---

16 https://bit.ly/royalty-mail-make

2. 체크박스 삽입하기

① F2 셀부터 원하는 범위를 선택합니다.

② 상단 메뉴에서 '삽입' → '체크박스'를 클릭합니다.

③ 체크박스가 삽입됩니다.

3. Apps Script 코드 작성하기

① Google Sheets에서 '확장 프로그램' → 'Apps Script'를 클릭합니다.

② 열린 편집기에 다음 코드를 붙여넣습니다:

```
// 스프레드시트가 열릴 때 자동으로 실행
function onOpen() {
// 자동 트리거 설정 (설정 단계 없이 자동으로 작동)
var triggers = ScriptApp.getProjectTriggers();
var triggerExists = false;
⋮
}
⋮
```

4. 코드 저장 및 실행하기

① 코드를 저장합니다(Ctrl+S 또는 Cmd+S).

② 좌측 함수 목록에서 onOpen 함수를 선택합니다.

③ 실행 버튼(▶)을 클릭하여 초기 설정을 실행합니다.

④ 권한 요청 창이 나타나면 허용합니다.

5. 권한 설정하기

처음 스크립트를 실행할 때 권한을 요청하는 창이 나타납니다:

① '권한 검토'를 클릭합니다.

② Google 계정으로 로그인합니다.

③ "이 앱이 확인되지 않았습니다"라는 경고가 나타나면, '고급'을 클릭한 후 '(안전하지 않음) [프로젝트 이름]으로 이동'을 클릭합니다.

④ '허용'을 클릭하여 권한을 부여합니다.

6. 시스템 사용법

① A열에 받는 사람의 이메일 주소를 입력합니다.

② B열에 보내는 사람의 이메일 주소를 입력합니다(Gmail 계정과 연결된 이메일).

③ C열에 이메일 제목을, D열에 본문을 입력합니다.

④ E열에 첨부하려는 URL을 입력합니다.

⑤ F열의 체크박스를 체크하면 즉시 이메일이 발송됩니다.

⑥ G열에서 메일 발송 상태를 확인할 수 있습니다.

⋮

앞의 박스에 나온, 생성형 AI가 제시한 내용을 보면 문서 만들기부터 각각의 컬럼 설정법 그리고 프로그래밍 코드와 함께 실행 방법까지 필요한 모든 사항을 친절하게 설명했습니다. 물론 초보자가 처음부터 이 모든 과정을 따라 하기는 쉽지 않습니다. 기본적으로 구글 스프레드시트에서 프로그램을 실행하기 위한 방법을 알아야 하고, 오류가 생겼을 때 대처 방법도 알아야 합니다.

과거에는 프로그래밍 문법을 배우더라도 원하는 기능을 구현하는 것이 매우 어려웠습니다. 하지만 최근 생성형 인공지능AI의 발전 덕분에 이런 한계가 상당 부분 극복되면서, 자연어로 질문하며 코드를 작성하는 바이브코딩Vibe Coding이 새로운 프로그래밍 패러다임으로 주목받고 있습니다.

바이브코딩은 프로그래밍의 진입 장벽을 획기적으로 낮추었습니다. 앞선 예제에서 보듯이 사용자가 자연어로 원하는 기능을 설명하면, AI가 이를 이해하고 바로 코드를 생성하는 방식으로 작동합니다. 이제 전문적인 코딩 지식이 없는 초보자라도 손쉽게 소프트웨어 개발에 접근할 수 있습니다.

기획, 편집, 제목, 디자인, 마케팅, 경영관리까지
출판인을 위한 AI 활용법

초판 1쇄 발행일 2025년 9월 10일

지은이 박찬규
발행인 이광호
편집인 김인호
책임편집 민혜영
편집 이효선
디자인 주수현 이상재

발행처 한국출판인회의
등록 2005년 5월 4일 제2005-000094호
주소 서울시 마포구 동교로22길 44(서교동)
전화 02-3142-5808
팩스 02-3142-2322
홈페이지 www.sbin.or.kr
이메일 sbi@sbin.or.kr

ⓒ 박찬규, 2025
ISBN 978-89-91691-07-0 03010

- 책값은 뒤표지에 있습니다.
- 파본은 구입하신 서점에서 교환해드립니다.
- 이 책은 저작권법에 의하여 보호를 받는 저작물이므로 무단 전재와 복제를 금합니다.